中国社会科学院创新工程学术出版资助项目

达里雅布依人社会文化研究

Social Culture in Daliyabuyi Township

王小霞 著

中国社会科学出版社

图书在版编目（CIP）数据

达里雅布依人社会文化研究/王小霞著.—北京：中国社会科学出版社，2018.3
ISBN 978 – 7 – 5203 – 2313 – 0

Ⅰ.①达… Ⅱ.①王… Ⅲ.①维吾尔族—民族文化—研究—于田县 Ⅳ.①K281.5

中国版本图书馆 CIP 数据核字（2018）第 073697 号

出 版 人	赵剑英
责任编辑	安　芳
责任校对	沈丁晨
责任印制	李寡寡

出　　版	中国社会科学出版社
社　　址	北京鼓楼西大街甲 158 号
邮　　编	100720
网　　址	http://www.cssp w.cn
发 行 部	010 – 84083685
门 市 部	010 – 84029450
经　　销	新华书店及其他书店
印　　刷	北京明恒达印务有限公司
装　　订	廊坊市广阳区广增装订厂
版　　次	2018 年 3 月第 1 版
印　　次	2018 年 3 月第 1 次印刷
开　　本	710×1000　1/16
印　　张	12.75
字　　数	228 千字
定　　价	59.00 元

凡购买中国社会科学出版社图书，如有质量问题请与本社营销中心联系调换
电话：010 – 84083683
版权所有　侵权必究

目 录

序 论 ……………………………………………………（1）

第一章 新疆游牧民族研究文献及研究现状 …………（5）
 第一节 文献资料 ……………………………………（6）
 第二节 国内外研究状况 ……………………………（9）

第二章 达里雅布依人历史变迁 ………………………（14）
 第一节 达里雅布依人简况及历史沿革 ……………（14）
 第二节 达里雅布依乡现状 …………………………（25）
 第三节 达里雅布依人历史渊源探究 ………………（30）

第三章 达里雅布依人物质文化 ………………………（39）
 第一节 达里雅布依人社会组织 ……………………（39）
 第二节 达里雅布依人婚姻家庭制度 ………………（42）
 第三节 达里雅布依人生产生活方式 ………………（56）
 第四节 达里雅布依人服饰文化 ……………………（64）
 第五节 达里雅布依人饮食文化 ……………………（81）
 第六节 达里雅布依人居住文化 ……………………（100）
 第七节 达里雅布依人的交通 ………………………（114）
 第八节 达里雅布依人教育条件 ……………………（118）

第四章　达里雅布依人精神文化 …………………………（121）
　　第一节　达里雅布依人语言文化 ……………………（121）
　　第二节　达里雅布依人节日文化 ……………………（126）
　　第三节　达里雅布依人婚俗文化 ……………………（135）
　　第四节　达里雅布依人婚俗文化内涵 ………………（145）
　　第五节　达里雅布依人丧葬文化 ……………………（153）

第五章　达里雅布依人发展问题研究 ……………………（166）
　　第一节　达里雅布依人的发展问题 …………………（166）
　　第二节　达里雅布依人传统文化的保护 ……………（173）
　　第三节　达里雅布依发展对策研究 …………………（175）

附　录 ………………………………………………………（182）
　　1. 达里雅布依人亲属称谓调查表 ……………………（182）
　　2. 达里雅布依人放牧用语名称及用语调查表 ………（183）
　　3. 2009年达里雅布依乡牧民年放牧头数以及大芸收入
　　　统计调查表 …………………………………………（184）
　　4. 达里雅布依乡机关单位在职人员调查表 …………（184）
　　5. 调研采访视频 ………………………………………（185）

参考文献 ……………………………………………………（193）

后　记 ………………………………………………………（200）

序　论

一　引言

在我国新疆维吾尔自治区（新疆）南部和田地区于田县的"沙漠腹地"达里雅布依乡（在国家民族委员会编办为达里雅博依，通常书面语为达里雅布依，又称"大河沿"），目前还生活着一支主要依靠放牧为生的维吾尔族人。他们与生活在南疆和田地区其他乡镇主要从事农业活动的维吾尔族有所不同。他们至今仍然保持着古老传统的牧放生活方式，目前在日常生活、习俗等方面还是属于半游牧半定居的生活模式。这在当今的维吾尔族中间，甚至整个新疆游牧民族的历史中，很不多见，主要是他们生活在塔克拉玛干沙漠腹地，相对独立，与其他生活在草原、高山牧场等地域专门从事放牧生活的游牧民族也不相同，因为在沙漠腹地没有成片的草场，他们主要沿克里雅河（维吾尔语音译，翻译成汉语即为"于田"之意）而居；每户人家相距都比较遥远，近的在几公里左右，远的十几公里，甚至更远，但是，居住是相对固定的，并不随畜群游走；另外，在主要依靠放牧的同时，各家庭中拥有小型农耕工具，并拥有自行开垦但不依赖其生活的小面积沙漠耕地，家庭成员虽有农、牧业分工，但主要成员除从事牧业外，均掌握简单的农耕技能，形成小家庭式农牧业兼营的状态。

达里雅布依乡是目前新疆维吾尔自治区唯一一个在塔克拉玛干沙漠腹地的乡镇，乡政府距离于田县城230多公里，交通条件极差（没有硬化道路通往）。全乡不到400户人家，1800多名村民，沿克里雅河两岸而居。近年来，随着国家惠民政策的不断加大和深入贯彻，明显提升了沙漠腹地人民群众的生活质量。但是，为了更好地保护沿克里雅河流域的自然生态，保护上百万亩古老胡杨林等自然环境，达里雅布依独有的沙漠牧放文化，以及当地古老、原生态的维吾尔族生活方式、民风民俗将会怎样？值得民族学界专家学者的关注和研究。

现在，生活在于田县沙漠腹地从事牧放的达里雅布依人，不一定是维吾尔族的原始风貌，但他们是同新疆地域内的维吾尔族一同走来，并保持和继承了维吾尔族历史上一个生活片段，是维吾尔族一段传统生活的真实留存。同时，他们把游牧生活方式带入沙漠深处，并能繁衍生息至今，这数百年的历史，证明了人类社会依赖农业生存与依赖牧业生存的对等性，证明了农业文明与牧业文明的相对性，并展示了现代社会中差异文化存在的可能性和现实性。随着时代的发展和科技的不断进步，利用数据库的手段，借用人类学的方法，全面地考察、记录和分析研究达里雅布依人的生活方式、民风民俗及社会文化，是我们应做的一点贡献和难得的机会。

二 研究内容、目的及意义

我国土地广博，人口众多，五十六个民族是一家。在这个多民族大家庭中，游牧民族也是最具代表性的一支，并在我国边疆地区广泛分布。值得注意的是，在现代生活方式的影响下，这些曾经的游牧民族已经开始对传统的生活方式进行革新，部分游牧民族甚至已经放弃了逐水草而居的生活方式。这不仅是居住方式的改变，同时也对民族文化价值以及生产方式等产生了很大的影响。因此，加大对游牧民族的研究工作，提升对游牧民族文化研究的重视，进而促进游牧民族长效稳定地发展有着非常重要的意义。

本书研究的游牧民族，是指生活在我国新疆南部和田地区于田县境内的沙漠腹地——达里雅布依乡游牧维吾尔族的牧民，主要以达里雅布依人为重点所展开的研究。达里雅布依乡位于新疆维吾尔自治区南部和田地区于田县境内的塔克拉玛干沙漠腹地。这是一片近乎与世隔绝的地区，这里居住的人群，也被国内外的学者称为"失落的"或者是"被遗忘的"人。然而，这片区域的人群却被认为保留着具有古代克里雅人生活习俗的文化传统，是目前唯一生活在沙漠腹地的游牧维吾尔族人群，值得我们关注和考察研究。

笔者通过对新疆南部和田地区进行社会文化的实地考察，在收集整理第一手资料的同时，力图通过现代数据库的形式，完整地记录和保存南疆和田地区于田县达里雅布依的社会文化历史传承和发展状况。

面对世界经济全球化、一体化以及现代科技快速发展的趋势，达里雅布依人的社会文化显然是一种脆弱的、世俗的和独特的文化类型，它不仅是维吾尔族文化的一部分，是中华民族历史文化的一部分，也是中华文明现代多元文化中比较特殊的一部分。但随着社会的发展和生活方式的改变，这种文化的脆弱性进一步凸显，眼见一种独特的文化模式因为人们生活的需要将会逐渐消亡和终结，我们感到有必要为它的传承和保留做些工作。本书出版不是为了拯救某一种文化类型，或者拯救某一种文化遗存，而是希望通过我们的努力，利用数据库的手段，借用人类学的方法，全面地考察、记录和分析研究达里雅布依人的社会文化。能够为人类社会发展记录和留存一些重要的历史和现实资料，尤其是对"沙漠腹地"达里雅布依人游牧生活方式和社会文化做一些收录和保留，对我国文化遗产保护以及对实用人类学的研究做出应有的贡献。

希望通过此书的撰写和出版，用达里雅布依人这数百年的历史进一步证明"人类社会依靠农业生存与依靠牧业生存的对等性，证明农业文明与牧业文明的相融性，并展示现代社会中差异文化存在的可能性和现实性"的人类学观点。

三　研究方法

本书运用文化人类学中田野调查和民族志的方法，利用现代数据库检索系统，立体地、较完整地采访、记录、描述达里雅布依人从事牧放的社会文化现状。

1. 收集分析研究文献

收集与维吾尔族历史和新疆游牧民族相关的文献，包括专著、论文、网络发表的报道等研究信息资料，收集南疆和田地区地方志资料、于田县地方志资料和达里雅布依乡的相关资料,进行分类整理研究。

2. 实地调研

深入新疆南部和田地区于田县达里雅布依乡"沙漠腹地",通过现场拍照、访谈、录音、录像和口述记录等多种形式,调查记录达里雅布依乡的社会文化现状,以及当地从事放牧的维吾尔族的民俗民风。

笔者曾深入达里雅布依乡"沙漠腹地",在几乎无文字资料和音像资料可供查询和利用,也不可能挨家挨户调查的情况下,在于田县达里雅布依乡原党委书记王宗礼的带领和帮助下,在于田县广播电视局的鼎力支持下,走访多户人家,采访多位领导和长者,获得采访视频、访谈笔记、照片、录音等各类形式的最直接的第一手资料和信息,为本书的撰写提供了珍贵的资料来源。

本书主要通过对这些资料进行梳理和分析研究,试图揭示出特殊环境中的达里雅布依人的社会组织、婚姻家庭制度、生产现状、衣食住行、教育现状、语言文化、艺术文化、婚俗文化、宗教信仰文化、丧葬文化等社会文化各方面的研究内容。

第一章　新疆游牧民族研究文献及研究现状

新疆维吾尔自治区位于亚欧大陆腹地，自古以来就是一个多民族、多宗教、多文化的地区，是古代丝绸之路的要塞。在新疆境内，有维吾尔族、汉族、哈萨克族、回族、蒙古族、柯尔克孜族、乌孜别克族、锡伯族、塔吉克族、满族、达斡尔族、塔塔尔族、俄罗斯族13个世居民族。其中，哈萨克、柯尔克孜、蒙古、塔吉克等民族主要从事畜牧业生产，塔塔尔、乌孜别克两个民族中的一部分也经营畜牧业，维吾尔等民族都有饲养牲畜、兼事畜牧业的传统习惯。新疆主要的游牧民族有哈萨克族、柯尔克孜族、蒙古族、塔吉克族和维吾尔族等多个民族。[①]

"游牧民族"是指以从事饲养和放牧为主要生产方式，依靠畜牧业为主要生活来源的民族。游牧是广义的范畴，相对于农耕而言的。"游牧"一词的字面意思就是指依季节的变化逐水草而放牧。游牧民族主要依赖于各类牲畜，牲畜既是他们的生产资料，也是他们的生活资料。只要牲畜能大量繁育，积累的生产资料和生活资料就越多，他们就越会觉得富有和体面。

对于游牧民族的研究一直是民族学、人类学关注的对象之一。随着我国草原牧区日益严重的生态危机，游牧民族和游牧文化越来越受到学术界的关注和重视。游牧民族的研究是一个包含多学科范畴、长时段的研究领域，而我国游牧民族的人类学研究相对薄弱。通过我们

---

① 娜拉：《新疆游牧民族社会分析》，民族出版社2004年版。

对有关新疆游牧民族研究的专著、论文和各种文献资料进行梳理和比较，分析总结新疆游牧民族的研究现状和新疆游牧民族的简况，对本领域的研究定有裨益。

第一节　文献资料

本书调查梳理的文献资料是针对新疆游牧民族研究展开的，文献资料内容包括有关新疆游牧民族研究的专著、论文和网上相关报道等。调查研究所需文献的资料是来自实地调研（笔者两次深入新疆和田地区于田县塔克拉玛干沙漠腹地和昆仑山北麓游牧地区进行实地调研）、几大图书馆（包括中国国家图书馆、中国社会科学院图书馆和中国社会科学院民族学与人类学研究所图书馆）资料查询、多个搜索引擎（包括百度、谷歌、搜狐、网易、新浪等，检索词为：新疆游牧民族、维吾尔族群、游牧民族、游牧、达里雅布依、昆仑山区、阿羌乡、民族研究等）资料收集、网上各种论文数据库（包括中国知网、中国社科期刊全文数据库、方正 Apabi 电子书、维普中文科技期刊数据库等）的资料梳理和汇总。

综合上述调查和资料收集，笔者对新疆游牧民族的研究情况进行分析和研究，梳理汇总出目前新疆游牧民族国内外的研究现状和目前新疆游牧民族的简况。

经过整理我们能查阅到的新疆游牧民族研究的大部分资源，立足于游牧民族研究的专著共约 20 余部；其中 7 部是针对新疆游牧民族的研究，其余 11 部只是涉及新疆游牧民族的研究，关于新疆游牧民族研究的内容也比较少；相关的优秀硕士论文 4 部，博士论文 2 部；相关论文有 70 多篇，对新疆游牧民族问题的论述与研究还有网络上报道及文章有 60 多篇，在此不一一赘述。

具体的专著以及优秀博硕学位论文名目如下：

专著

1.《清末民国时期新疆游牧社会研究》（娜拉，社会科学文献出版社 2010 年版）。

2. 《新疆游牧民族社会分析》（娜拉，民族出版社2004年版）。

3. 《沿河而居》（尚昌平，山东画报出版社2006年版）。

4. 《哈萨克族定居村落——胡阿根村社会调查周志》（周亚成、阿依登、王景起，新疆人民出版社2009年版）。

5. 《新疆哈萨克族迁徙史》（《新疆哈萨克族迁徙史》编写组，新疆大学出版社1993年版）。

6. 《新疆察哈尔蒙古历史与文化》（加·奥其尔巴特、吐娜，新疆人民出版社2001年版）。

7. 《从游牧到定居》（阿德力汗·叶斯汗，新疆人民出版社2005年版）。

8. 《游牧文化与农耕文化》（齐木德道尔吉，黑龙江人民出版社2010年版）。

9. 《文化的变迁：一个嘎查的故事》（阿拉腾，民族出版社2006年版）。

10. 《中国古代游牧民族经济社会文化研究》（贺卫光，甘肃人民出版社2001年版）。

11. 《哈萨克族》（贾合甫·米尔扎汗，民族出版社1989年版）。

12. 《哈萨克族文化史》（苏北海，新疆大学出版社1989年版）。

13. 《哈萨克族社会历史调查》（新疆维吾尔自治区丛刊编辑组编，新疆人民出版社1987年版）。

14. 《西蒙古史研究》（杜荣坤、白翠琴，新疆人民出版社1986年版）。

15. 《卫拉特蒙古族文化研究》（塔亚，内蒙古人民出版社2006年版）。

16. 《土尔扈特部落史》（张体先，当代中国出版社1999年版）（土尔扈特部落是蒙古族的一部分）。

17. 《厄鲁特蒙古史论集》（马汝珩、马大正，青海人民出版社1984年版）。

18. 《卫拉特蒙古简史》（上、下册）（《卫拉特蒙古简史》编写组编，新疆人民出版社1996年版）。

19.《沙漠干旱地区的人类文化适应研究》（依丽米古丽·阿不力孜，中国社会科学出版社2015年版）。

20.《沙漠绿洲克里雅人》（罗沛、马宏，新疆人民出版社2006年版）描述了包括达里雅布依人在内的克里雅维吾尔族的宗教信仰、节日文化、民间艺术、服饰文化等。

21.《中国的牧区》（China's Pastoral Region）[澳大利亚昆士兰大学教授、助理副校长约翰·朗沃斯（John W. Longworth）和昆斯兰初级产业部国际项目官员格立格·威廉姆森（Gregory J. Wiliamson），1993]。

优秀硕士学位论文

1.《新疆游牧民族定居问题的研究》（朱秀红，新疆大学，硕士学位论文，2005年）。

2.《改革开放以来新疆游牧民族定居问题研究》（郭文慧，新疆大学，硕士学位论文，2005年）。

3.《新疆于田克里雅人社会习俗变迁研究——以达里雅博依乡为例》（买托合提·居来提，西南大学，硕士学位论文，2011年）。

4.《克里雅河尾闾达里雅博依绿洲植物区系及植被特征研究》（王芹，新疆大学，硕士学位论文，2013年）。

博士学位论文

1.《游牧与农耕民族关系研究》（易华，中国社会科学院研究生院，博士学位论文，2000年）。

2.《沙漠干旱地区的人类文化适应研究——以新疆于田县达里雅博依乡维吾尔族人为例》（依丽米古丽·阿不力孜，中央民族大学，博士学位论文，2012年）。

其中娜拉研究员在《新疆游牧民族社会分析》一书中认为游牧、游牧民族、游牧社会可以说是我国北方民族发展史的代名词。游牧构成游牧民族赖以生存的生产生活方式，游牧民族是游牧社会的主体，游牧社会是我国北方持续千百年的、与农耕社会截然不同的一种生产关系系统。特有的环境、人口、文化和劳动是游牧社会赖以存在和发展的基本要素。

她在《清末民国时期新疆游牧社会研究》一书中运用历史学、民族学（文化人类学）、社会学等多学科、多角度的研究方法，以翔实的史料和田野调查资料为基础，对清末民国时期新疆游牧社会进行了广泛深入的分析研究。该书以"社会"为落脚点，以社会变动过程为主线，注重对引起社会变迁因素的探讨，并从游牧社会的构成、社会生活、社会功能三大方面进行分析和研究。新疆游牧民族社会经济状况、社会组织与制度、文化教育、宗教信仰、民族关系以及反映在婚姻家庭与生活习俗等方面的社会阶层和社会生活等内容构成《清末民国时期新疆游牧社会研究》的主要研究框架。

齐木德道尔吉的《游牧文化与农耕文化》用人类学的基本研究方法——田野调查的方法对中国游牧文化与农耕文化进行系统研究，总结了传统游牧与农耕方式的利弊，提出了适应新环境的发展战略。其中大部分内容是内蒙古草原的游牧民族的研究内容，较少部分是研究云南蒙古族民间叙事中的文化变迁和青海藏族的游牧民族的内容。

阿德力汗·叶斯汗的《从游牧到定居》描述和回答了有关游牧民定居的背景和意义，定居的历史沿革、现状、模式、目标等。指出游牧存在的问题、对策以及游牧民定居与多种经营、草原生态环境、草原畜牧业现代化的关系等方面的问题。研究关注了游牧人民群众从游牧生活转向定居生活所带来的一系列问题的探究。

查阅到的关于新疆游牧民族研究的论文70多篇，对新疆游牧民族问题的论述与研究还有网络上的一些报道、文章60多篇。在此不一一赘述。从实地调研和这些文献资料我们可以分析总结出目前新疆游牧民族研究现状和新疆游牧民族简况。

第二节 国内外研究状况

1. 国内对新疆游牧民族历史与社会的研究状况

我们可以看出国内学者对新疆地方史的研究，通论性著作较多，而相关研究多侧重于政治、经济、文化，对社会生活方面往往少有提及，尤其是关于民国以前的新疆游牧社会状况更是少有记载。如《新疆牧区社会》（中共新疆维吾尔自治区委员会政策研究室等编，农村读物出版社1988年版）一书，对中华人民共和国成立初期新疆游牧社会的状况进行了较多调查。但是，该书只用阶级分析方法，缺乏从社会文化方面对社会整体结构的系统的分析。除社会性质、阶级关系外，在对非阶级因素的社会状况方面缺乏分析，而多强调牧区在中华人民共和国成立前夕、新中国成立初期的生产资料占有状况和阶级剥削状况。[1]

从20世纪50年代起，我国开始编撰出版少数民族简史、简志等套书和丛书，并在此基础上编辑"民族问题五种丛书"；80年代以后，对新疆近现代社会的研究著作有：《新疆简史》（共三册）（新疆社会科学院历史研究所编著，新疆人民出版社1980年版）、《20世纪新疆史研究》（朱培民，新疆人民出版社1999年版）、《民国新疆史》（陈慧生、陈超，新疆人民出版社1999年版）、《新疆现代政治社会史略》（白振声、[日] 鲤渊信一主编，中国社会科学出版社1992年版），还有娜拉的《清末民国时期新疆游牧社会研究》和《新疆游牧民族社会分析》等。[2]

对于新疆传统游牧民族——哈萨克族、柯尔克孜族、蒙古族、塔吉克族的专门史的研究成果较多，与新疆游牧民族研究相关的研究成果：《哈萨克族》对历史上民族关系，古老社会组织等进行了探讨；《哈萨克族文化史》中对近现代的哈萨克族文化方面有一定的探讨；《新疆哈萨克族迁徙史》对哈萨克族从乾隆年间从哈萨克草原向新疆移牧一直到新中国成立初期散居甘青的哈萨克族迁回新疆的历史进行了研究。此外，还有《哈萨克族社会历史调查》等。[3]

关于塔吉克族历史和文化的研究有《塔吉克简史》（罗致平等，新疆人民出版社1983年版）。《西蒙古史研究》（杜荣坤、白翠琴，新疆人民出版社1986年版），对15—18世纪卫拉特社会组织和统治

---

[1] 郭文慧：《改革开放以来新疆游牧民族定居问题研究》，新疆大学，硕士学位论文，2010年。
[2] 娜拉：《清末民国时期新疆游牧社会研究》，社会科学文献出版社2010年版。
[3] 同上。

机构进行了研究。《新疆察哈尔蒙古历史与文化》（加·奥其尔巴特、吐娜，新疆人民出版社2001年版），《卫拉特蒙古文化研究》（塔亚，内蒙古人民出版社2006年版），《土尔扈特部落史》（张体先，当代中国出版社1999年版），这些著作对清代晚期及民国时期的新疆蒙古族政治经济发展状况有一定的探讨。在《厄鲁特蒙古史论集》（马汝珩、马大正，青海人民出版社1984年版）中，对土尔扈特蒙古谱系进行考述，也论及乾隆时期清政府的民族统治政策。《卫拉特蒙古简史》对卫拉特蒙古政治、经济、文化发展历史进行了较全面的探讨。以上大部分著作中也有对新疆传统游牧民族的传统社会组织大致轮廓的梳理，而《论哈萨克族游牧宗法封建制》（杜荣坤，《中央民族学院学报》1989年第1期）、《近代新疆哈萨克族宗法氏族部落》（苏北海，《新疆大学学报》1989年第4期）等论文则进行了一定深度的探讨。①

新疆游牧民族聚居地区地方志主要有，《和静县志》（和静县史志编纂委员会编，新疆人民出版社1995年版）、《伊宁县志》（伊宁县地方志编纂委员会编，张振杰主编，新疆人民出版社2003年版）、《福海县志》（福海县史志编纂委员会编，崔先立主编，新疆人民出版社2003年版）、《伊犁哈萨克自治州志》（伊犁哈萨克自治州地方志编纂委员会编，宋家仁主编，新疆人民出版社2004年版）、《克孜勒苏柯尔克孜自治州志》（克孜勒苏柯尔克孜自治州史志编纂委员会编，新疆人民出版社2004年版）等。②

对于新疆南部游牧维吾尔族的研究专著很少，甚至可以说几乎没有，唯有调研到尚昌平的著作《沿河而居》中有所提及，但也着墨不多。

《沿河而居》一书中，作者描述了和田地区于田县以维吾尔族为主的少数民族生活习俗，记述了昆仑山一带人的生活，尤其是对四百年前迁徙塔克拉玛干沙漠腹心地带的达里雅布依人的生存状况给予翔

---

① 娜拉：《清末民国时期新疆游牧社会研究》，社会科学文献出版社2010年版。
② 同上。

实的记录。迄今为止，于田县的达里雅布依人是唯一生活在塔克拉玛干沙漠腹心地带的一支部族。《沿河而居》一书作者从达里雅布依人生存的环境、生活方式、婚姻等方面对其进行描述。

《沿河而居》作者通过历史与现实的比较，客观描述了最后一支生活在塔克拉玛干沙漠中的游牧民族存在的真实性和现实性，同时，对于日趋严峻的生态环境提出救助性的保护建设。作者深涉沙海的行思充分反映了当代人类不仅需要关注城市，更需对生存在特殊环境里的人群给予真诚的人文关怀的必要性。[1]

2. 国外对新疆民族历史与社会的研究状况

俄国 B. B. 谢苗诺夫著《天山游记》，提供了19世纪中叶新疆民族风情、社会状况等方面的资料。1856—1857年，作者作为地理学家、生物学家，到当时属于中国领土的伊塞克湖地区及附近的天山进行两次考察。根据日记撰写的《天山游记》在19世纪末成书，由李步月译为汉文，于1989年由新疆人民出版社出版。[2]

19世纪末20世纪初，外国考察人员在西域亲身经历的游记、研究著作有：丹麦亨宁·哈士纶的《蒙古的人和神》；瑞典斯文·赫定的《丝绸之路》《亚洲腹地探险八年》等。抛开这些考察人员"探险""考察"背后的其他因素，他们在考察中都十分注意民族、民俗、人类学的研究，从而成为研究新疆各民族社会状况、民族关系的珍贵史料。

除游记外，外国官员在新疆的调查报告也有一定的参考价值。曾在中国西部地区任领事的俄国人尼·维·鲍伊戈亚夫连斯基在1906年写的《长城外的中国西部地区》一书，我们可以得到对当时西部状况的很多珍贵信息资料；全书共41章，外加序言和附录。该书系作者在供职10年期间资料收集及研究心得，对清末西部游牧人生活的描写介绍比较详细，因而作为国外资料具有较高的史料价值。作者从地理、地貌、气候，西部民族发展的历史及西部地区古老人文的研

---

[1] 尚昌平：《沿河而居》，山东画报出版社2006年版。
[2] 娜拉：《清末民国时期新疆游牧社会研究》，社会科学文献出版社2010年版。

第一章　新疆游牧民族研究文献及研究现状

究，民族交往关系史等方面勾勒出新疆的吉尔吉斯人（指哈萨克人）、蒙古人、满族人、东干人、萨尔特人的经济状况及宗教、婚姻家庭、民族性格、生活习俗、生活水平、妇女地位、文化道德等方面的画卷。其中，同时代畜牧业生产技术状况尤为本书所参考利用。①

早期对达里雅布依人研究的国外研究学者是斯文·赫定，他将此地称为通古斯巴孜特（野猪聚居地），它也被称为亚洲的沙漠腹地。②

通过查阅有关资料，在牧民定居研究方面，国外的科技工作者对中国的牧区进行了考察，有澳大利亚昆士兰大学教授、助理副校长约翰·朗沃斯（John W. Longworth）和昆士兰初级产业部国际项目官员格立格·威廉姆森（Gregory J. Wiliamson）（1993）合著的《中国的牧区》（*China's Pastoral Region*）。在这本著作中，作者在对内蒙古牧区作了深入调查研究的基础上，分别论述了中国牧区的绵羊和羊毛生产、少数民族、草原退化和可持续发展问题，是一部具有代表性的著作。草原退化不仅是一个简单的技术问题，还是技术、政策、体制乃至文化的综合问题。他们认为，中国的四大牧区占到了国土面积的1/3多，在牧区生活着30多个少数民族。从政治、经济和战略意义来考虑，在中国牧区强调并推行持续性发展策略，这不仅能提高牧区各民族的经济利益与生存条件，而且对维护稳定和统一具有非常重大的意义。

---

① 王铁男：《发现达里雅布依对一个世界秘境的百年追踪》，http://www.qikan.com.cn/Article/hqdl/hqdl201102/hqdl20110212.html。
② 娜拉：《清末民国时期新疆游牧社会研究》，社会科学文献出版社2010年版。

第二章 达里雅布依人历史变迁

第一节 达里雅布依人简况及历史沿革

一 达里雅布依人简况

达里雅布依人是生活在我国新疆南部和田地区于田县塔克拉玛干沙漠腹地达里雅布依乡（又称"大河沿"）的游牧维吾尔族人。他们生活在被称为"死亡之海"的新疆塔克拉玛干沙漠东南方向，沿克里雅河畔两岸而居，乡政府驻地距离于田县城230多公里。克里雅（维吾尔语音译，汉语意为"于田"）河是一条南北向的季节性河流（克里雅河是于田县的"母亲河"），这条河流曾穿过塔克拉玛干沙漠与塔里木河交汇，但目前它已经断流数百公里，即使在汛期也会有100多公里的断流。据《汉书》记载，河水流经的区域曾是古代扜弥国的发祥地，两千多年后的今天，克里雅河下游河段已经湮没在塔克拉玛干沙海之中。故人们称之为"沙漠腹地"。[①]

"沙漠腹地"的意思是沙漠的深处中央，一般来说是一片沙漠里气候最恶劣的地方。塔克拉玛干沙漠被称为"死亡之海"，维吾尔语意思是："进去出不来。"

达里雅布依（大河沿）是于田县人对克里雅河下游两岸的统称。它是塔克拉玛干沙漠腹地唯一一块有人生存的绿洲。"达里雅"是维吾尔语，意思是"飘移不定"，"布依"意为河岸。两千多年前，这

---

① 颜秀萍：《新疆于田县达里雅布依乡婚姻家庭现状调查》，《新疆社会科学》2008年第5期，第112—119页。

条注入塔克拉玛干沙漠的河流与塔里木河是相通的，并由此形成丝绸之路的通道，后因塔里木河断流，达里雅布依成为世界上最孤独的地方之一。[①]

在这 1.5 万平方公里的沙漠、胡杨和红柳林里，散居着仅 400 户、1800 多位达里雅布依人，他们之间相距甚远，最近的邻居也有 5 公里，最远的大约 40 公里。他们在这里世代相守，与世隔绝地生活了数百年之久。因此有人将达里雅布依人称为古西域土著的"活标本"。

图 2-1　新疆和田地区于田县达里雅布依乡（摄影：孟凡昌）

二　达里雅布依人的生存环境

达里雅布依人生活在新疆和田地区于田县境内克里雅河下游河两岸的绿洲上。我们从达里雅布依所处的塔克拉玛干沙漠及于田县的环境条件可以了解达里雅布依人的生存环境状况。

---

① 黄德泽：《神秘的达里雅布依·之一》，http://blog.sina.com.cn/s/blog_563728da0100nk0g.html。

图2-2 深居"沙漠腹地"的达里雅布依人(摄影:张爱东)

1. 地理位置

塔克拉玛干沙漠是中国第一大沙漠,也是全世界第二大流动沙漠,总面积达337600平方公里,位于我国最大的内陆盆地——塔里木盆地中部。塔里木盆地位于新疆维吾尔自治区南部,地处欧亚大陆中部,是世界上距离海洋最远的地区。

达里雅布依乡坐落于东西长1000余公里、南北宽400多公里的塔克拉玛干沙漠腹地,"距沙漠东端约530公里,西端距麦盖提县440多公里,南至于田县230多公里,北至塔里木河280多公里",因其独特的地理位置,使它成为当今世界罕见的沙漠腹地绿洲。

2. 生存环境特点

作为一个典型的沙漠腹地绿洲,达里雅布依绿洲的生态环境具有以下独有的特征。

(1) 地理环境封闭

达里雅布依绿洲位于新疆于田县北部塔克拉玛干沙漠腹地。四面沙漠环绕,地理位置格外偏僻。这种环境容易导致与外界隔绝,造成自我封闭。从达里雅布依乡政府驻地出发,沿着克里雅河往南走230多公里才能到达于田县城。达里雅布依乡是距县城最远的一个乡,因地处沙漠腹地,路况恶劣,没有硬化道路,交通十分不便。尽管现代化的交通工具可以克服部分困难,但与外界的联系依然很困难,仍然不如塔克拉玛干沙漠周边的绿洲与平原地区那样便捷。达里雅布依乡至县城的路途用沙漠专用越野车或摩托车最少要走8—10个小时。过去骑骆驼、毛驴去县城则要走7—12天,从县城运粮一次需要10—15天。这种封闭性生活方式数百年来一直制约着当地经济社会发展。[1]

(2) 生态环境脆弱,沙漠化严重

绿洲和沙漠是干旱地区的一对产物,在自然和人为因素共同影响下,互为转变。随着水源枯竭、气候变化、不合理开发等原因,很容易造成沙漠化,绿洲因此由兴盛走向衰落。绿洲生态系统的脆弱性这一特点,在沙漠腹地绿洲更为突出。1980年以来,随着克里雅河下游断流,自然灾难加剧,人畜对生态环境造成的负担等,达里雅布依绿洲面临严重的生态环境危机,沙漠植被消失、野生动物灭绝、胡杨林减少、地下水水位降低、绿洲退化、沙漠化等。[2]

三 达里雅布依人的民风民俗

达里雅布依人具有自己特有的民风民俗,牧民们纯洁质朴,路不拾遗,夜不闭户。行人赶路走热了,脱去外衣放在路旁,用石头压着,返回时肯定不会丢失。多少年来,村里没有丢过东西,邻居吵嘴打架的事情很少发生。在一个村子居住的村民同胞,都注重礼节、礼貌和尊重长辈。大家在路上见了面,都要把右手放在胸前行礼,然后身体向前倾斜,并连声说:"撒拉木里空。"(意思是祝您平安)

政府曾经调研过他们对于迁出沙漠的看法与意见,他们中的相当一部分人持不赞成态度。也许就是因为他们生活在达里雅布依有着十分淳朴的民风。虽说村民在沙漠中走访亲戚,一走要几天甚至多天,

---

[1] 依丽米古丽·阿不力孜:《沙漠干旱地区的人类文化适应研究》,中国社会科学出版社2015年版。

[2] 同上。

走的时候完全可以不用锁门,门口放把斧子表示家里没人就行。任何一个路过的外来人,都可推门进入,自己烧火做饭。20世纪80年代末,这里虽然成立了乡政府和治安派出所,但唯一的一位警察至今也没有办过一起案件。

达里雅布依人有见面握手致礼的习俗。无论见谁都握手致礼,遵照这一习俗,凡是第一次进县城的达里雅布依人,他们都会是见到谁都握手,自己辛苦受累不说,反被别人认为是"勺子"(维吾尔语,意为"傻子"或脑筋不正常的人)。他们自然会觉得县城不好,见面不握手,没有礼貌,女人不守妇道,不待在家里,还满大街跑。

达里雅布依人认为年轻人无论在什么场合,都要让老年人坐上席位置。如果同路的有老年人,小伙子们就会规规矩矩地让他们走在前面;遇见老者赶路,青年人会自觉站起来迎送;老年人外出做客,年轻人应该主动给他的坐骑卸鞍、饮水和喂料;就餐时,需要先把食物送到老年人面前,让老者先用。

达里雅布依人不抽烟、不喝酒,所以,这里的商店很少出售香烟和酒水。而且达里雅布依人还有句俗话:"不要把抽烟喝酒的人请进家门。"

四 达里雅布依人的考察历史和发现历程

对达里雅布依人的考察历史和发现历程具有较多的记载。据考古发现,汉唐时"丝绸之路"的南道就是从达里雅布依一带通过,所以这里保留了很多古代人类的遗迹。比如,著名的圆沙古城、马坚里克、喀拉墩和丹丹乌里克等。在自然环境方面,达里雅布依乡是克里雅河为塔克拉玛干"沙漠腹地"贡献出的最后一道绿洲长廊,在达里雅布依乡5000多米宽的绿洲带上,河滩、河湾与洼地众多,也有野骆驼、野猪、马鹿、额喉羚、塔里木兔、沙鼠等野生动物出没;杜鹃、百灵和喜鹊等也会出现在红柳枝间,这里到处是连天的胡杨、红柳和芦苇。也正是因为有这些"资源",是达里雅布依人赖以生存的生产资料,他们在这里生存至今。

1895年,瑞典籍的西域研究学者斯文·赫定曾经进入克里雅河下游地区，在于田县维吾尔族居民的指引下，成功穿越了塔克拉玛干沙漠，对通古斯巴孜特做过详尽的考察，发现了大量古遗址，丹丹乌里克和喀拉敦古城。在后来的几年里，他又发现楼兰古城。因为斯文·赫定在这方面的杰出探究成绩，最终确立了斯文·赫定为"探险家"的世界性声誉，他的第一部考察新疆著作《穿越亚洲》也使世人第一次知道在塔克拉玛干这个死亡之海的腹地，有一片人类生存的沙漠绿洲"达里雅布依人所生活的地方——大河沿"①。

在历史上大河沿还曾有过一个地名叫："通古斯巴孜特"（意思是"野猪吊死的地方"），在这片绿洲上有一个与世隔绝的"原始"部落。经后来考证"通古斯巴孜特"并不是真实意义上的"野猪吊死的地方"，而只是一个传说。也许只是斯文·赫定的个人说法而已。②

几年后，另一位著名的英籍探险家奥利尔·斯坦因踏着斯文·赫定的脚印，来到了通古斯巴孜特，在斯文·赫定发现的基础上，发掘了喀拉敦古城，而且通过对通古斯巴孜特的土著居民做的人种测量，引起了世界的关注。③

根据有关资料，20世纪初，曾经有一位匈牙利考古学家斯坦因，英籍人，也来到过这里考察探究，为达里雅布依人做过人种学测量。检测结果表明：达里雅布依人是印欧民族的后裔。是早期成吉思汗远征大军的遗存，是与东进伊斯兰教抗争失败后皈依的古于阗国佛教子民。20世纪20年代末，学者黄文弼作为中国西北科学考察团的一员，对喀拉墩古城做过详尽的考察，进一步证明中国科学家对通古斯巴孜特早有研究。

直到20世纪50年代，新疆于田县政府才首次派出工作组前往通古斯巴孜特进行考察，工作组为通古斯巴孜特取了一个新名字，叫达里雅布依，俗称"大河沿"。生活在这里的原始居民，则根据他们的

---

① 李树峰：《在深处，一个人与一个村落的人——陈亚强与达里雅布依》，《中国摄影家》2015年第12期，第58—60页。
② 王铁男、王芃懿：《神秘的达里雅布依》，《西部论丛》2007年第6期，第83—91页。
③ 张鸿墀：《达里雅布依：沙漠腹地的村落》，《帕米尔》2006年第1期，第52—63页。

"母亲河"——克里雅河,被命名为"克里雅人"。由于交通及经济的极度落后,达里雅布依人确实几乎与世隔绝,他们依河流与黄沙而居,过着简朴的、近乎原始的放牧生活。当然这种生活,在习惯于灯红酒绿的城市人看来,也许别有一番情调和诗情画意,但随着现代文明的一步步到来,克里雅人的生活渐渐地也将成为一段历史。经过考察,人们惊奇地发现,达里雅布依甚至达到了特级旅游景区才拥有的丰富历史自然资源。①

1954年,于田县委、县政府为了帮助这里的人民发展生产,派骆驼队送去面粉、日用品支持他们。自此将其编入加依乡建制,成立专门的驼队,每月为该大队人民运送急需使用的面粉、清油和日用品。随后修通了通往县城的简易沙漠路,解决他们生活必需品的供应问题。

图2-3 新疆和田地区于田县达里雅布依人的驼队运输(摄影:孟凡昌)

---

① 李树峰:《在深处,一个人与一个村落的人——陈亚强与达里雅布依》,《中国摄影家》2015年第12期,第58—60页。

图 2-4　新疆和田地区于田县达里雅布依人的驼队运输（摄影：孟凡昌）

1959 年成立人民公社，改称大河沿大队，属喀群公社，公社党委组建工作组前往该大队抓生产，并配备了大队干部，使大队面貌大为改观。1960 年牲畜总头数为 18008 头（只），1964 年牲畜总头数达 27198 头（只），较 1960 年增长 51.03%，创历史最高水平，平均每人占有牲畜 59 头（只）；1964 年大队的总收入达 72722.43 元。1962 年至 1964 年向国家交售活畜 5000 头（只），羊毛 37000 千克，山羊绒 2521 千克。1964 年集中力量关闭草场 1000 多亩，储备冬草 1000 多万千克，新修棚圈 83 个。公社组织专门骆驼队，按期给这里的牧民运送粮食、干果、棉布等主要生活用品，粮食标准高于农区口粮标准，大队设立商店，各牧点有供应流动组，还给牧民修建房屋，帮助牧民防疫、治疗疾病，分批带领牧民参观学习农业种植知识，让牧民开阔眼界，保证牧民定居。1965 年对该大队进行调查，由于种种原因，这里的牧民由 1949 年的 10 多户 70 多人，发展到 124 户 461 人。①

---

①　于田县志办：《于田县志》，2010 年。

达里雅布依从此是否会被世人所熟知?其实"文化大革命"时期,他们再次从人们的视野中消失。20世纪60年代,达里雅布依再度与外界失去联系,这个沙漠中的"神秘绿宝石"一夜之间又回到了自给自足的平静生活。近百年来,历史并未因斯文·赫定的记述而把这群特殊的人群融入现代的社会中。他们还是离群索居,被人们称作沙漠里的"原始部落"。

直到1982年1月,大河沿大队改称达里雅布依大队,1984年归属加依乡,1989年经自治区人大常委会批准,成立达里雅布依乡,并建立小学1所,医疗室1所,于田县供销社在乡政府设立羊毛、皮张收购点1处,医药公司设立大芸、甘草收购点1处,常有人前往收购一些土特产。县委、县政府为了关心达里雅布依人的生活,专门购买了一辆沙漠越野车,每月两次来回拉运达里雅布依乡内外的人办事、购物。2000年,县广播电视局在乡政府安装了广播台,使生活在这里的人们听上了广播节目。①

同时也在1982年,曾经有一支石油勘探队在克里雅河下游一带,发现了一个衣不遮体、攀在胡杨树上的牧童。那个从没见过汽车的孩子被惊后,从树上跳下,拔腿就跑,消失在树丛之中。勘探石油的同志们远远看见这里有衣衫褴褛、双脚赤裸、"长着尾巴的人形动物",写了一篇《在塔克拉玛干沙漠深处发现野人》的文章发表在《人民日报(海外版)》。原来达里雅布依人总是在腰间别着一把长柄斧子,独来独往于大漠荒野,长柄斧子是他们用来披荆斩棘和自卫的武器,也是他们顺手砍伐胡杨枝叶喂养羊群的劳动工具。石油勘探队的同志们远远看着那长长的斧柄,误认为那是一条尾巴。这一偶然的发现引起了媒体的关注,人们甚至猜测在塔克拉玛干沙漠发现了克里雅"野人"等。就此契机,达里雅布依人又被人们重新发现,记载于文史之中。在塔克拉玛干沙漠深处发现野人的文章引起新疆维吾尔自治区的高度重视,当年自治区主要领导带领有关部门一行官员深入大漠,经过艰难跋涉和苦苦寻觅,终于找到了这些"离群索居"的达里雅布

---

① 于田县志办:《于田县志》,2010年。

依人,进行登记造册,建立了"达里雅布依大队",隶属于田县管辖。[①]

达里雅布依人所在的组织,1989年正式改为达里雅布依乡,并设立了达里雅布依村,乡政府驻地为铁里木村,距县城230公里左右,当时村中只有8户人家。后来相继建立了乡医院、兽医站、小学、粮站和胡杨林管理站;培训医护人员和兽医,解决用电、用水,开办邮政所和信用社,依然隶属于田县管辖。"达里雅布依人"古时代桃花源式的生活方式为现代文明生活所影响并建立联系,为此还引来诸多中外考察者和观光人员。从那以后,标志着文明开始走进达里雅布依这片神秘的"沙漠腹地",达里雅布依的主人由游牧逐步走向半游牧。

图2-5 新疆和田地区于田县达里雅布依人的手压井取水(摄影:王小霞)

---

① 张鸿墀:《达里雅布依:沙漠腹地的村落》,《帕米尔》2006年第1期,第52—63页。

2000年5月，自治区政协副主席吾甫力·阿不都拉进入达里雅布依乡"沙漠腹地"检查工作，得知这里的孩子因无校舍上不了学，很多人受多种疾病的困扰。在此次检查工作的基础上，达里雅布依有了更好的机会，经协调乌鲁木齐中宏基房地产开发有限公司，支援达里雅布依乡一辆工作用车（崭新的北京吉普车），又出资56万元为该乡建起一所希望小学和卫生院。结合特殊的地理环境，设计了由现代轻型材料组成的建筑体系，运用包括沙漠超细砂配制混凝土等多项新技术，经几家单位通力合作，完成两座新型房屋建筑，建成学校教室、卫生院等，占地共732平方米。

根据有关文献，2001年秋天，中国与法国联合组成的克里雅考察队进驻达里雅布依乡，以达里雅布依为主体，顺沿克里雅河两边对沙漠深处的古迹"圆沙古城"进行了发掘和考察，在一个月的考察时间内，发现了多处古迹。其中包括五处古墓和一处遗址，多处居民遗址，收集了五件千年干尸和马鞍型大型石磨盘等非常有价值的文物。是新疆考古史上在这片"沙漠腹地"发现年代最早的一个古城，这一重大考古发现，使考古研究学界对克里雅河下游生活过的千年古迹有了新的了解，为古丝绸之路与考古工作提供了很有价值的研究资料。

还有资料记录从2002年到2003年，荷兰政府与中国合作的专题工程项目"丝绸之路光明工程"给这里带来了太阳能电力，为每一户达里雅布依人家的屋顶都安装了太阳能光伏电板，从此达里雅布依人的夜晚不再黑暗，有了电，至少在乡政府驻地的铁里木村附近，达里雅布依人的生活得以以最快的速度追赶着于田县城人的生活。

2004—2005年，于田县政府决定用扶贫资金从山东、陕西等地引进小尾寒羊、关中驴等优良品种近2000只（头），分配给达里雅布依乡牧民改进他们的放牧情况。

2007年，于田县政府为改善达里雅布依乡的教育条件，决定将达里雅布依乡四年级至九年级的200多名学生安排到于田县县城里的小学、中学就读上学。为确保这些学生的生活不受影响，于田县政府筹资35万元为他们改建了教学区和生活区，帮助他们购买生活用品。

于田县县政府还协调水利、交通、林业等部门共同解决达里雅布依乡交通、饮水等方面的困难和问题,尽最大努力改善他们必要的生存、生活条件。[①]

2010年,中国社会科学院国情调研项目调研人员赴新疆南部和田地区于田县达里雅布依乡沙漠腹地,对达里雅布依人的社会文化进行过比较详细的调研。

第二节 达里雅布依乡现状

新疆和田地区于田县克里雅河下游河畔的达里雅布依乡位于塔克拉玛干沙漠腹地,达里雅布依乡乡政府位于于田县城以北约230公里处的铁里木村。全乡近400多户、1800多人分散居住在克里雅河下游的两岸。达里雅布依人使用维吾尔语,信仰伊斯兰教,主要以放牧为生,不擅耕种。

图2-6 新疆和田地区于田县达里雅布依人游牧场景(摄影:陈亚强)

---

① 王铁男:《沿河而居的克里雅人》,http://outdoor.travel.sohu.com/20070423/n249643706_4.shtml。

达里雅布依乡地广人稀，沙漠瀚海，这里气候十分干燥，风沙频繁，地下水丰富，但矿化度高，含氟量严重超标。牧民全都是维吾尔族。他们世代在此居住已有400多年的历史，家家户户都以放牧为生。全乡总面积约1.5万平方公里，南北长约360公里，东西最宽处96公里。南起县境内的托格拉克，北边与阿克苏地区沙雅县相望，东与民丰县相连，西与策勒县丹丹乌里克接壤。全乡分布由南向北倾斜，地势有明显的差异。驻地以南为克里雅河下游，沿河两岸多为高沙丘环抱呈窄带状；驻地以北属克里雅河散流区，地势平坦多有小沙丘，四周为新月形沙梁，平均海拔1230米。该乡距离县城最近的驻户有80多公里，最远人家离县城有270多公里。村民每年约有两个月的时间还可以到远离县城350公里的沙漠腹地放牧。户与户之间的距离很远。平时少有来往，肉孜节、古尔邦节及婚礼是大家难得的欢聚一堂的日子，也是互通信息，交友择亲的好机会。

长期以来，达里雅布依人生活在几乎与世隔绝的环境中，他们以自己独特的生存方式和生活方式在沙漠深处营造理想的"乌托邦"，无论外人以何种心理和眼光去评价达里雅布依人，都无法驱散、削弱他们对达里雅布依的乡恋。[①]

达里雅布依乡有天然草场上百万亩，天然胡杨林近百万亩。该乡境内有丹丹乌里克、喀拉墩、圆沙古城遗址。有许多德国、法国、荷兰、日本的游客和学者前往观光旅游和考古研究。克里雅河下游流经全乡，消失在沙漠腹地，沿河形成带状绿洲；有一条平均5公里宽的绿洲带，形成天然屏障，抵挡塔克拉玛干沙漠南移。仅凭有限的绿洲，达里雅布依人通过放牧、种植大芸、甘草等药材，维持着基本的生存和生活。[②]

由于自然条件的影响，形成这里特有的生活方式，他们生活闭塞、不知稼穑。1949年中华人民共和国成立前，达里雅布依乡由于路途遥远，交通不便，达里雅布依人常年过着古老偏僻的游牧生活，

---

① 尚昌平：《克里雅闻所未闻的故事》，《风景名胜》2004年第12期，第40—59页。
② 于田县志办：《于田县志》，2010年。

吃不上粮食，吃不上瓜果蔬菜，住房简陋，居住十分分散，有的人家，户与户相距一百多公里，子女结婚要提前一个多月发放请柬。

达里雅布依乡是全国乡镇中面积最大的乡镇，在无现代化通信的情况下，如果从南到北发出一个通知，至少半个多月才能到达。在政府管辖还没有触及这里的时候，牧民们全靠骆驼和毛驴来运输他们所需的生活用品，从家到于田县城至少要走10—15天。现在他们可以使用专用大卡车，定期到县城赶集购物。

达里雅布依乡的医疗现状较以前有所改进，1989年成立的卫生所一直是一所简陋的医务所，仅有2名医护人员。目前有医护人员6名，新型农牧区合作医疗制度在这里也完全得到执行，极大地改善了当地牧民的就医环境，减轻了牧民负担。

目前，全乡以畜牧业为主要生产方式，现有1个村民委员会、7个村民小组、近400户1800多名村民，全部是维吾尔族。由于交通不便，同外界交往少，民风淳朴。全乡有汽车13辆，推土机2台；医院、文化站、胡林管理站、兽医站、粮站各1所，小学1所，3年级以下共有师生135人。

由于地处偏僻，政府实施过"村村通工程""电视进万家"等工程。乡政府也安装了移动基站，牧民可以通过安装卫星接收器、太阳能发电板，收看电视，多数人家还安装了无线电话，但是由于自然条件的制约和影响，他们的电视机多数时候没有信号，无线电话也总是不甚通畅。

经过对达里雅布依乡现状调查我们可以看到：

由于达里雅布依人与外界沟通较少，该乡曾经两次失管：1930年国民政府忘记了这片土地，行政编制上还没有这个乡镇；1950年，中华人民共和国行政区划分也丢失了这片荒漠和这些沿达里雅布依河居住的人群。

达里雅布依人生存环境差，经济发展落后。该乡没有道路，没有足够的电力，没有先进的电器、电话、网络，现代文明与达里雅布依人的距离较远。2007年，一位广东商人曾经给该乡240户村民每户赠送一套太阳能电板，达里雅布依人才见到了光亮微弱的电灯。直到现在，最奢侈的年轻人也就穿一双塑料拖鞋。他们的房子也极其简陋，墙壁、屋顶全部用红柳和芦苇编织，再以克里雅河的淤泥涂抹，仅有一扇小小的、方方正正的窗户。房门则是用整块的胡杨树外壳做成。走进达里雅布依人的房子，屋子中间有一个铺满黄沙的火塘，这就是厨房；还有一两个房间，算作卧室。由于很少下雨，房屋建造十分简陋，不仅四壁透风，从房顶的缝隙还可以看到满天的星星。

达里雅布依人远离闹市，生活自由闲适。在沙漠腹地中缺少耕地，达里雅布依人也自认不擅长耕种。平日里，达里雅布依人最常做的工作就是早上打开羊圈，把羊群赶出羊圈，脖子上挂着铃铛的头羊自会带着羊群在胡杨林和芦苇荡里觅食，晚上赶回羊群再慢悠悠关上羊圈。太阳落山，他们一天的工作也算结束了。秋天里为牲畜储备冬季草料算是最繁忙的季节。虽说是在艰苦的环境里，但是他们日复一日，年复一年这样自由自在、简简单单地过着"悠闲"的生活，繁衍后代，走过人生。

图 2-7 新疆和田地区昆仑山区风雪中的小牧童（供图：于田县史志办）

达里雅布依人在意识形态方面接受新事物滞后。政府在铁里木村建立了小学,达里雅布依人的孩子从小学到中学都是住读,行李、学费、书本乃至文具全部由政府负责,可是志愿入学者依然不多。前任乡党委书记王宗礼带领乡干部走遍散居大漠的 200 多户人家,顶风冒沙,热汗如雨,宣传、劝导乃至搬出法律劝说,部分孩子好不容易入学,他们也会常常溜回家而不再返校。王书记明白,没有文化,思想就不会进步,为此他每年都会找各级教育机构争取全国一些大城市的技校或专科学校的培训指标,不辞劳苦,四处劝导、动员家长和学生,虽然所有费用包括路费都是乡政府承担,好不容易争取来的进修指标还是有可能付之东流。究其原因,他们会认为:"读书比每天开关一次羊圈自然累很多。"

图 2-8 新疆和田地区于田县达里雅布依人的交通状况——沙丘软化道路
(摄影:黄德泽)

沙漠里部分地方是可以种植瓜果的。民丰县闻名全国的安迪尔甜瓜(哈密瓜)就是种植在沙漠戈壁里。王宗礼书记买来西瓜种子,请来技术员,手把手带领达里雅布依的乡亲们种植。但是到最后他们还是会认为种植西瓜比每天开关一次羊圈累。

经与原乡党委书记王宗礼座谈,王书记介绍说,其实各级政府对达里雅布依人给予了多方关注,安居工程也在达里雅布依乡落实,也希望他们能远离沙漠腹地,摆脱贫困住进县城。但是,由于祖祖辈辈以放牧生活为主,习惯于这种生活方式,达里雅布依人不愿意走出大漠,眷恋故土,留恋乡情。

在达里雅布依乡政府所在地有一条30多米长的小街,算是这里的商业街,街上有饭馆、小小的商店、小小的菜摊、摩托车修理铺、小加油点等商铺。小小饭馆里只供应拌面,杂货铺仅供应油盐米面和少量品种不多的蔬菜、水果。一家小商店空间很小,十几平方米的空间,摆着还算齐全的日用必需的货物,从基本的生活用品到极少的小家电,从达里雅布依人离不开的火柴到手电筒,基本都可以买到。①

第三节 达里雅布依人历史渊源探究

达里雅布依人究竟从何而来?关于达里雅布依人的来历有多种说法:

第一种说法是达里雅布依人是西藏阿里地区古格王朝的后裔,为了逃避战乱,他们翻越昆仑山,进入达里雅布依这片沙漠绿洲建立自己的家园。

第二种说法是达里雅布依人原本就是这里的土著民族,因为早在新石器时代这里就有人类活动了。

第三种说法是达里雅布依人是两千年以前神秘消失的古楼兰人的一支;说他们是西汉时期弥勒国人的后裔。② 此种说法人们认为最具传奇色彩。

---

① 阿秀:《探秘"沙漠中的原始村落"——达里雅博依(大河沿)》,http://www.mafengwo.cn/i/678050.html。

② 钱伯泉:《维吾尔族的族源及其发祥地问题研究》,《新疆社会科学》2010年第4期,第129—137页。

第四种说法认为达里雅布依人是罗布泊人西迁的后裔。

第五种说法认为达里雅布依人是蒙古族、藏族人的子孙。

第六种说法认为达里雅布依人有古丁零人的血脉。

第七种说法认为20世纪初,英籍匈牙利考古学家斯坦因来到这里,他为克里雅人做了人种学测量,结论是他们是印欧民族的孑遗。是早期成吉思汗远征大军的遗存,是与东进伊斯兰教抗争失败后皈依的古于阗国佛教子民。

一　对于达里雅布依人历史渊源多种说法的分析比较

我们从百度百科等网上相关资料整理到关于达里雅布依人历史的多种说法,在此作为参考探究。

1. 古格王朝

古格王朝是吐蕃世系的延续,使佛教在吐蕃瓦解后重新找到立足点,并由此逐渐达到全盛。阿里地处西部边境,深受大食、印度的影响,成为各种思潮、各种力量汇集之地。

古格王国是在公元10世纪前后,由吐蕃王朝末代赞普朗达玛的重孙吉德尼玛衮在王朝崩溃后,率领亲随逃往阿里建立起来的。10世纪中叶至17世纪初,古格王国雄踞西藏西部,弘扬佛教,抵御外侮,在西藏吐蕃王朝以后的历史舞台上扮演了重要的角色。曾经有过七百年灿烂的文明史的古格王朝,它的消失至今仍是个谜。据说1630年,与古格同宗的西部邻族拉达克人发动了入侵战争,古格王国就此灭亡。

今天的古格故地,只有十几户人家守着一座空荡荡的城市废墟。而他们并不是古格后裔。当日十万之众的古格人如何消失得无影无踪?什么样的天灾或者瘟疫使得繁荣富强的古格文明突然间消失得无影无踪?少量的历史典刊,残缺并且相互矛盾的记载,不仅没能揭开古格王国神秘的面纱,反而更增加了它的神秘感。古老的古格,像是一座巨大的迷宫,将西藏西部众多的秘密深锁其中。

古格王国位于青藏高原的最西端。古格王国的王族,是吐蕃赞普(即汉语中的"王")的嫡系后裔。

与古格王朝密切相关的是托林寺，托林寺是由古格王意西沃于11世纪所建的。古格立国之初，鉴于朗达玛灭佛而导致吐蕃亡国的惨痛教训，大兴佛教。

古格王国大力发展畜牧业，畜牧业非常发达。

在古格王朝灭亡前后，古格及其周边几个国家相继暴发瘟疫，导致人口锐减，城市、农田、草场大规模荒废。

2. 楼兰人

楼兰人是塔吉克族人。新疆考古学者也曾经对楼兰城郊墓葬中发掘出土的6个颅骨进行过人种学测定，其中5个属欧洲人种，1个属蒙古人种。5个欧洲人种头骨中4个形态比较一致，与地中海东支的印度—阿富汗类型接近，另1个则介乎地中海和帕米尔—费尔干类型之间，但在许多特征上仍可能是地中海人种的变异，属蒙古人种的头骨，略接近南西伯利亚人。楼兰人混合了欧罗巴人种和黄河人种特征，而且据探险考古发现证明楼兰人应更接近于阿富汗人。

从考古发现的那具保存完好的女尸来看，楼兰人浅色头发，眉弓发育，鼻骨挺直的形象，明显具有高加索人种特征。

到了汉代楼兰王国时期，楼兰居民的种族构成又有了新的发展，他们与高加索人种共生，其中还有蒙古人种的存在。当时他们种植小麦、饲养牛、羊，日常用品是胡杨木、兽角、草编类制器。

北京大学考古系教授林海村说，楼兰人使用中亚去卢文作为官方文字，而楼兰本族语言却是一种印欧语系的语言，学术界称作"吐火罗语"。

楼兰人类学研究的结论和楼兰语言学研究结果再一次告知我们，在遥远的古代，有一支印欧人部落生活在远离欧洲的楼兰。

1901年3月4日到10日，斯文·赫定雇用农民在楼兰城中13处遗址内随意发掘，取得了大量汉五铢钱、精美的汉晋时期丝织物、玻璃器、兵器、铜铁工具、铜镜、装饰品、料珠，陀罗风格的木雕艺术品等，具有极高史料价值的汉晋木简、纸质文书即达270多件，随斯文·赫定而至的斯坦因在楼兰古城又发掘了大量文物，仅汉文文书就达349件，还有为数不少的去卢文文书资料。

楼兰人和达里雅布依人虽然有相似的地方。通过考古，我们可以发现：楼兰人就是一支漂泊在东方的印欧人古部落。

3. 罗布泊人

罗布泊人是新疆维吾尔族最古老的一支，他们生活在塔里木河畔的小海子边，"不种五谷，不牧牲畜，唯一小舟捕鱼为食"。其方言也是新疆三大方言之一，其民俗、民歌、故事都具有独特的艺术价值。这是一个单一食鱼的民族，喝罗布麻茶，穿罗布麻衣，丰富的营养使许多人都很长寿。

罗布泊人是罗布泊的原住居民，按一位历史学家的说法，罗布泊人有广义和狭义之分。广义的罗布泊人是指定居于整个罗布泊荒原的世居民，而狭义的罗布泊人指的是逐塔里木河的终端湖——罗布泊或喀拉库顺湖的那部分人。

罗布泊人同"丝绸之路"有着千丝万缕的联系。楼兰是"丝绸之路"上的重要驿站，如果走进历史深处，在罗布泊水域，你能看到阡陌纵横、物阜民安的楼兰国。当时，它是世界文化的交汇点，也是沙漠中最开放最繁华的地方。然而，大约公元3世纪以后，塔里木河下游河床被风沙淤塞，在渠犁国（今日尉犁）改道南流，楼兰失去了灌溉用水，草木逐渐枯死，加之数经兵燹，闾里萧条，人民流离失所。楼兰消失了，永远沉入沙海之中。

干旱灭绝了绿色，风沙掩埋了文明。楼兰、营盘等沙漠都市消失得无影无踪。沙漠中唯一没有消失而且繁衍至今的就是罗布泊人了。他们是沙漠瀚海的活化石，是沧海桑田的见证人。但他们没有记忆的载体，缺少传承的手段，一切都随时光而沉没、随大风而消散。

他们千年如一日，悠然地用胡杨作舟、以曲木为罐、劈梭梭为柴、插芦苇为室、借胡杨树洞中的黄水浆洗衣服、削红柳修枝做成渔叉，一切源于自然、取于自然。他们没有金钱，也没有奢侈品，只有属于自己的纯"绿色"生活。千百年来他们与世隔绝，直到清乾隆二十二年（1757）才被世人发现。

清朝相关史料中对罗布泊人的记述是这样的："罗布淖尔回人以鱼为生，织野麻为衣，取雁毳为裘，籍水禽翼为卧具，人多寿百岁以外。"

4. 古丁零人

丁零，中国北方古代民族名。亦作丁令、丁灵、钉灵（正确读音应为颠连），又称高车、狄历、铁勒、丁零（丁灵）。

丁零属于原始游牧部落，敕勒人最早生活在贝加尔湖附近。留居在原来贝加尔湖一带的敕勒人被称为丁零人。鲜卑人因北方的敕勒人使用高大车轮的车子，故称其为高车。东汉进攻北匈奴战胜之后，敕勒的地域开始南移，与中原的汉族交往。

三国时，丁零有一部分人仍在今贝加尔湖以南游牧，称北丁零；一部分迁徙至今新疆阿尔泰山和塔城一带，南与乌孙、车师，西南与康居为邻，称西丁零。西丁零人随水草游牧。还有一部分从东汉建武时就到了今甘肃河西走廊、宁夏一带游牧。两晋南北朝时，丁零有一部分南迁，逐渐与当地民族融合。

公元4世纪末至6世纪中叶，继匈奴、鲜卑之后，敕勒人和柔然人活动于中国大漠南北和西北广大地区。在中原的丁零人曾建立翟魏政权。敕勒中北方的一部分后来成为回纥，现代维吾尔族的祖先。俄罗斯联邦萨哈（雅库特）共和国境内的雅库特人也是敕勒人的后裔。

公元4世纪末5世纪初，北魏九次发动对他们的战争，虏获六七十万人，置于漠南各地。还有很多敕勒部落在漠北归属于柔然。

公元5世纪末柔然在北魏打击下趋于衰落，敕勒部落的阿伏至罗率众十余万西迁。他在车师前部（今新疆吐鲁番交河故城一带）建立高车国（公元487—541年），共七主，前后约五十五年。高车国向南控制了通往西域的门户高昌以及焉耆、鄯善，势力东北至色楞格河、鄂尔浑河、土拉河一带，北达阿尔泰山，西接乌孙西北的悦般，东与北魏相邻，最后灭于柔然。

丁零人善于制作和普遍使用高轮大车，故晋以后的中原人又称丁零为"高车"。丁零人之所以普遍使用高车，是因为原驻牧地草茂而高，积雪深厚，而且多沼泽。在这种地区使用高轮大车，可以减少阻力，顺利通行。

涅涅茨人，旧称萨莫迪人、尤拉克人。涅涅茨人的族源，涅涅茨人生食鹿肉，可追溯到中国古代北方民族之一的"丁零"人。汉代时丁零人游牧于萨彦岭地区。因战乱一批丁零人沿叶尼塞河向北迁移，到达北冰洋沿岸，其中一部分越过了乌拉尔山。他们吸收一部分当地居民的语言和文化成分，逐渐形成新的民族——萨莫迪人。

涅涅茨人主要分布在涅涅茨民族区、亚马尔—涅涅民族区、泰梅尔（多尔干—涅涅茨）民族区（2.58万人），其余居住在汉特—曼西民族区、科米自治共和国等地区。涅涅茨语属乌拉尔语系萨莫迪语族，使用俄文字母的文字。涅涅茨人信奉萨满教，后部分人改信东正教。涅涅茨人自古以养鹿、捕鱼、狩猎为生。

5. 古印欧人

古印欧人靠捕猎为生，寻找食物成为古印欧人的第一生存目标，食物的匮乏和来源的不固定使得他们几乎无法在一个地方长久定居，游牧和迁徙成为古印欧人最显著的特征。

由于没有文献资料，没有多少确切的线索可以寻找，我们往往只能根据语言上的关系去解释古印欧人的起源和早期迁徙。

雅利安人是古印欧语的民族，早期的雅利安人相当落后，他们的栖息营地极其简陋，没留下任何有价值的遗迹。他们对于记录历史也满不在乎，所以在他们遗留的一些宗教典籍中，也没有任何专门的历史记载。甚至于他们的存在，都是有赖于周围那些热衷记录历史的非印欧民族的文字资料，才得以确认。

二 达里雅布依人的历史渊源分析研究

1. 考究历史

翻阅16世纪叶尔羌汗国统治下的克里雅历史，内乱频仍，克里雅人为了躲避战乱荼毒，他们抛弃田舍，举族携带妻孥，沿克里雅河开始了漫长的漂泊生涯。四百多年后，他们及他们的后裔留存几多往事，人们一直在探究他们走过什么样的历程，以及他们的去向，直到今天。

在百余年的塔克拉玛干沙漠探险中，人们曾在沙漠中发现历史上遗留下的残垣废墟。有人推测，较晚时期的遗址应该是达里雅布依人祖先的栖息地。但事实是：达里雅布依人从来没有修筑过一座城堡，他们沿河而居，从未形成较大的聚落，尤其在克里雅河尽头，往往只有一户人家守着洼地间的一片潟湖；有水则居，水枯时阖家迁徙；一次次的河水改道，迫使他们在茫无端绪的沙海中寻找新的绿地和栖身之地，而一年间两次迁徙并不罕见。

从历史资料考证，达里雅布依人在这片沙漠腹地的居住是在1567年秋天开始的，他们选择在距离于田县城大约230公里的地方居住下来，开始了他们"相对与世隔绝"的流放生涯。现在加依乡的尤姆拉克巴热克带领的木尕拉15户人家留在克里雅河西岸，喀鲁克的艾卖台克登率领的喀鲁克5户人家涉河驻足东岸，形成隔河相望的两支家族开始在此沿河放牧为生。据2002年人口普查资料，艾卖台克登氏一支有68户293人，尤姆拉克巴热克一支有100户428人。两支家族世代联姻，信奉伊斯兰教。①

他们的日子过得非常艰难。最初他们是从事农业种植，解决食物的来源，他们在河岸阶地开渠引水种植农作物，但是，由于沙土盐渍化，种植的庄稼收获甚少。之后，初到时开辟的田地逐渐荒废，原因是沙化日趋严重，这一时期大约在二百多年前。从此，他们不得不转变为游牧生产方式，成为以放牧为主、逐水草而居的牧羊人。

迁徙时所带的羊只还不足以供养家口，而剩余的粮食只够维持最低限度的生存需要，到后来，只得并日而食。这段时光艰苦异常，以至于将所携带的物品利用馨尽，返回茹毛饮血的原始生存状态。在他们的生活中再也找不到往日农业文明的痕迹，但他们远离了战乱，以一种弃世的抉择躲避了战争。

2. 调研分析

达里雅布依人有一句谚语："看到胡杨你就找到了水，见到老人你就问出了历史。"

九十三岁的易卜拉欣被认为是达里雅布依历史的见证者。在几乎没有相关文字记载和辅助材料佐证的情形下，笔者相信老人追述达里

---

① 王铁男：《神秘的达里雅布依》，《西部论丛》2007年第6期，第83—90页。

第二章 达里雅布依人历史变迁

雅布依的往事具有比较权威的可靠性，包括听来类似传说的故事情节。我们深信，一个深居胡杨林中不受外界干扰的老者不可能凭空构想出世间的传奇故事。

图2-9 新疆和田地区于田县达里雅布依沙漠沙地村长寿者（摄影：尚昌平）

今天的达里雅布依人世代口传，他们的祖先来自克里雅古城木尕拉和喀鲁克，这两个地方都辖属于今天的于田县。清乾隆二十年（1755），清政府平定准噶尔部落后，在和田建立政府机构，下设六城，其中的克里雅城即今天的于田县城。因此，达里雅布依人通常说他们的祖籍就是克里雅。①

正如人们想象的那样，达里雅布依的历史在易卜拉欣老人的记忆里。记忆中的元素并不复杂，河水、胡杨、草地、骆驼和牛羊，凭着这些与他息息相关的元素，复原出今人鲜知的历史。从易卜拉欣的高祖算起，几代人的经历至少在一百五十年以上，接近我们所要了解的达里雅布依早期历史，他们的生存关系是连贯的。对此，我们应该确

---

① 买托合提·居来提：《新疆于田克里雅人社会习俗变迁研究——以达里雅博依乡为例》，西南大学，硕士学位论文，2011年。

信其真实性。

3. 逻辑分析

从广义上讲,达里雅布依人生活方式具有游牧民族的特点。但与当时北方游牧民族还是略有区分的,因为在沙漠腹地没有成片的草场,他们主要沿克里雅河而居,每户人家相距都比较遥远,但是,家庭是相对定居的,并不随畜群游走。另外,在主要依靠牧放的同时,各家庭中拥有小型农耕工具,并拥有自行开垦但不依赖其生活的小面积沙漠耕地,家庭成员虽有农、牧业分工,但主要成员除从事牧放工作外,均掌握相对简单的农耕技能,形成小家庭中农牧业兼营的状态。他们应该还是属于半游牧半定居的生活模式。

提及达里雅布依乡的历史,相关资料尚昌平的《沿河而居》中这样叙说:发生在四百多年前的一次人口迁徙,克里雅河两岸的胡杨林里,收容了一群停辛伫苦的迁徙者,他们自称达里雅布依人,即现在的"沿河而居的人"。

但无论哪种说法至今都无定论,但在民族划分中,这些带着神秘色彩的达里雅布依人还是被划归到了维吾尔族的一支。今天我们所看到的达里雅布依人,包括语言、宗教信仰、风俗习惯等方面,大都和于田县城里的维吾尔族人基本一样。

根据我们各方考证和研究分析:应该说达里雅布依人就是克里雅人的一支,"克里雅"是维吾尔语,汉译即"于田"之意。达里雅布依人就是新疆南部和田地区于田县的维吾尔族人,他们和其他克里雅人不同的是:他们生活在塔克拉玛干"沙漠腹地",以放牧为生,不擅长农耕,属于游走于大漠深处半游牧半定居的维吾尔族人。

第三章 达里雅布依人物质文化

第一节 达里雅布依人社会组织

社会组织是人们长期以来为了达到某一特定的目标而结成的群体，它不是自然或自发形成的，而是有计划、有目的、有步骤地建立起来的一种社会群体。社会组织通过协调人们的行为，使人们合理而有效地达到自己特定的目标，是"为了更高效地达成群体目标而进行的劳动分工和权威分配"。社会组织是关系较为复杂的社会群体，它一般不是由个人直接组成，而是在不同层次群体的基础上形成的。①

社会组织在其构成上要具备一定数量的组织成员、组织目标、组织规范、组织机构等，既包括物质因素，又包括精神因素。

游牧民族的传统社会组织与现代社会组织有所不同，主要在于前者的功能多元，是与游牧民族的经济制度相适应的产物，属自生型；而后者的功能呈现出单一性，属人为型。从历史的发展来看，游牧民族社会组织的特点主要为：②

第一，按人群划分。由于游牧生产的流动性，社会管理不能按地域进行划分。在父系家长制游牧社会，部落联合而建立起来的政权中，游牧民族以人群来划分行政单位和行政官员官职的大小，如蒙古族在成吉思汗建国时分封诸臣委任万户、千户、百户、十户。

第二，生产性与军事性合一。在游牧社会里，游牧民既是生产劳

---

① 娜拉：《新疆游牧民族社会分析》，民族出版社2004年版。
② 同上。

动者，又是战时的士兵。行政官员即将领，各种官吏为大大小小的军事长官，游牧民的生产组织编制同时也是军事组织编制。

第三，传统的游牧民族社会中占据支配地位的是血缘纽带。因而，新疆游牧民族传统的社会组织以血缘组织较为普遍；同时，也有建立在血缘组织基础上或与血缘组织密切联系的地缘组织、行政组织和生产组织等。在畜牧业生产中，草场使用权作为其核心问题，在游牧民族或氏族部落间的冲突中，胜利者虽占领和使用水草丰美的草场地区，但自然灾害、外来掠夺力量时时威胁着暂时的安定。在游牧社会中，一个人如果脱离了自己的部落、氏族，依靠个人力量求得生存是极其脆弱的，也是比较困难的。因而，氏族部落是每个游牧家庭的必然选择和归宿。以血缘关系为纽带，以现实利益为根本基础相联系的牧民，在和平时期，以家庭为单位从事生产活动，每逢战乱，他们便聚集在一起，妇女及长者承担家庭的日常生活及家畜的管理工作，而大部分青壮年男性便成为家庭、氏族的保护者。①

游牧民族传统的社会组织之所以长期沿袭，是因为游牧经济属于自给自足的自然经济，这是草原经济条件下的必然产物。新疆游牧民族的传统社会组织在这些独特的民族经济社会历史发展过程中，发挥着巨大的作用。

一般来讲，游牧社会构成最典型的特征：在于长期保留着相对独立的氏族部落组织。我们从游牧社会普遍存在的不发达奴隶制现象（奴隶制是氏族部落制未完全瓦解的表现）就可以得出这一结论。

作为社会组织，游牧民族各氏族、部落都有各自的谱系、印记和呼号，对于维系氏族和部落的传统、荣誉和秩序有着重要作用，是游牧文化的重要标志。

由于达里雅布依人的历史沿革，地域的特殊性等方面的因素决定了达里雅布依的社会组织完全类同于新疆南部其他维吾尔族的社会组织。

对于南疆和田地区于田县达里雅布依人社会组织的了解，我们首

---

① 娜拉：《新疆游牧民族社会分析》，民族出版社2004年版。

先要对当地的社会部族历史进行了解。按照《达里雅布依沙漠腹地的村落》①一文里的说法,四百多年前,这里形成了两个部落。这两个部落以克里雅河为界,东岸叫作塔克塔木,西岸叫作巴拉克。两个部落之间的人口繁衍过程中,为争夺水源和草场常常发生矛盾和冲突,往来较少,更不通婚。但是这种情况在20世纪80年代在乡政府的强力干预下才有所改观。

通过查找资料,我们可以看出该地的社会组织主要是通过政治与仪式力量所进行的整合。政治力量是官方的行为,通过政府来规范本地人的行为,给予权威与法律的威慑力,使得广大牧民在法律许可的范围之内从事"现代人"制度制约之下的生产与生活。因此可以说,他们的生产与生活仍然传承着古普的文化传统,按照进化论的解释,是仍然处于初级阶段。但是,在社会制度层面,达里雅布依人已经被纳入"现代人"的行列。仪式力量是民间的行为,这种仪式主要体现在两个方面,一是婚丧嫁娶,二是节日庆典(主要是肉孜节与古尔邦节)。这种民间仪式的力量往往比官方政府的强制力更有效果。

由于阶级出现一般与财产的分化,尤其与土地的分化密切相关。而在游牧地区,由于所有人都保有自己的一块土地和草场,因而土地私有权的概念不能出现。此外,在游牧地区阶级分化应该不会出现,因为生产方式本身阻碍了阶级分化的出现。这种"不能出现"的后果就是土地或许集中掌握在部落或部落首领之中。或者如现代,中华人民共和国成立之后,尤其是到了20世纪80年代之后,国家权力的掌控,抑制了原来宗族、氏族、部落的力量之后,从而取代了种族头领占有土地所拥有的合法性与正当性。

达里雅布依人全体信奉伊斯兰教。古代于田本为佛教圣地。伊斯兰教东征时期,在喀什地区建立了以萨图克·道格拉汗为首的喀拉汗三世王朝。形成了以于田为佛教中心和喀什伊斯兰为中心的长期的宗教战争。后来伊斯兰教取得了胜利,于是于田的广大人民群众被强迫改信伊斯兰教,大河沿也是如此。

---

① 张鸿墀:《达里雅布依沙漠腹地的村落》,《帕米尔》2006年第1期。

《信马游疆》一书中写道:"无论多远,好多达里雅布依人都会在礼拜五想尽办法赶到乡政府所在地铁里克,那里有唯一的清真寺,他们到那里一是为了做礼拜,还有更重要的目的,就是彼此说说话。"这段话指出了当地人集体聚会的另外一种方式:宗教的方式。在这种早期社会形态,往往具有宗教信仰活动的寺庙成为一种聚合社会成员的重要方式和场合。而需要探查的是,作为寺庙首领的阿訇在宗教社会组织中,其起到多大的作用?是象征性的权威力量呢,还是具有较之政治力量更大的凝聚力?由于维吾尔族群众信仰伊斯兰教,因而,宗教信仰对游牧维吾尔族的社会组织起到很重要的影响作用。[①]

第二节 达里雅布依人婚姻家庭制度

新疆南部和田地区于田县游牧民族达里雅布依人的婚姻家庭与亲属制度之间有着不可分割的内在联系,即婚姻是建立家庭的前提,家庭是婚姻的基础,亲属制度是婚姻家庭制度的产物。历史唯物主义认为,人们在一定的生产力水平下结成的生产关系,是最基本的社会关系,而且基于它又产生出其他各种社会关系。因此,婚姻家庭的性质和特点是由作为社会经济基础的生产关系来决定的。[②]

一 婚姻

婚姻是男女两性的结合,并为一定的历史时代和一定地区社会制度及其文化和伦理道德规范所认可的夫妻关系。它既是男女之间的生理结合,更是一种特定的社会结合,是得到社会承认以及法律和专门习俗保护的一种规范化行为。自人类社会形成以来,经历过多种婚姻形式或婚姻制度。血缘婚存在于前氏族公社之中,并基本上同前氏族公社相始终。前氏族公社向母系氏族公社的转变,意味着集团内群婚(血缘婚)向集团外群婚的转变。对偶婚的出现是个体婚的初级阶

[①] 卢一萍:《信马游疆》,新疆人民出版社2006年版。
[②] 娜拉:《清末民国时期新疆游牧社会研究》,社会科学文献出版社2010年版。

段，婚姻的缔结，一般都需要某种手续或仪式。其特点主要是一对男女的结合尚不牢固，容易为任何一方毁约，双方都有重新寻找配偶的自由。不仅婚前性生活自由，而且婚后还享有相当宽容的婚外性自由。婚姻的缔结和解除，全凭当事人的意愿，尚未形成一种社会规范予以约束。人类社会发展到父系家族公社时期，一般都是实行一夫一妻制的个体婚。但是，一夫一妻制的个体家庭在经济生活等方面尚未从公社这一母体中游离出来；一夫一妻婚姻制度的最终确立是文明时代开始的一个标志。①

游牧民族达里雅布依人最初两大家族一居河东，一居河西，因为争夺草场，常发生矛盾和冲突，因而也很少通婚往来，两大家族相互之间并无姻亲关系，只是家族内部或与后迁入者通婚。后随着放牧场所的延展，人口的增多，往来关系的密切，家族之间开始互相通婚，并一直保持着友善和睦的关系。②

1. 婚姻制度、规则与形式

新疆游牧维吾尔民族的婚姻制度从1949年中华人民共和国成立后开始实行一夫一妻制。在1949年之前，也有过一夫多妻、纳妾的现象。

新疆和田地区于田县达里雅布依人受伊斯兰教的影响，有早婚的习惯。根据伊斯兰教教义规定男子12岁，女子9岁就算成人，可以婚配。达里雅布依人的婚姻大多数是由父母包办，只有结婚时才能见面。

达里雅布依人女性选择对象的原则是，一般都是在维吾尔族中选择结婚对象，不选择年龄比自己小的男子作为结婚对象。1949年前这里近亲婚姻还普遍较多，1949年后随着婚姻知识的普及和政府部门的干预，牧民们为了促进人口体质和智力的提高与发展，一般都会自觉抵制近亲婚姻。尽管如此，由于达里雅布依特殊的地理位置和闭塞分散的生活环境，这里近亲结婚和适龄青年结婚难的情况还很多。

---

① 娜拉：《新疆游牧民族社会分析》，民族出版社2004年版。
② 颜秀萍：《新疆于田县达里雅布依乡婚姻家庭现状调查》，《新疆社会科学》2008年第5期，第112页。

一是由于居住过于分散,年轻人之间的交流很少,不好找对象,很多时候都是受父母之命;二是经济原因导致结婚困难。

在达里雅布依无论是过去还是现在,年轻人基本没有恋爱自由,必须遵循父母之命、媒妁之言。一方面是社会风俗使然;另一方面是由于当地特殊的地理环境与生活方式阻碍了年轻人的正常交往,另外,由于受传统习俗影响,使他们不得不听从父母的安排。达里雅布依人生活空间大,近400多户人家分布在200多公里长、几十公里宽的地带,有时一人独自到某一草场放牧,数日或数月不见其他人是常有的事。生产以家庭为单位,各自独占一片草场,正如前文所述:5公里内是近邻,上百公里也并非罕见。在这样广袤的地域内,再加之交通的落后,人们平时极少有交际的场合与机会,大的集会仅有婚丧和两个节日(即肉孜节和古尔邦节),这也成为大人们交流信息与为儿女寻亲觅友的最佳时机。父母如果看好谁家的子女,或父亲或请媒人去说亲,媒人都是男性,而非惯常意义上的女性。家庭经济条件往往成为选择的首要条件。①

在达里雅布依人家中儿子具有70%的财产继承权,女儿享有30%的财产继承权。例如,托合逊一家在达里雅布依乡无论是在财产上还是在权势上都占有优势,八个孩子中除老八因有智障经济较为贫困外,其他孩子的家庭经济情况都较好,老四是当地的富裕家庭之一,年收入3万元左右。老二买买提·吐尔逊是清真寺的阿訇,是当地唯一的阿訇和拥有"阿吉"称号的人(只有到伊斯兰圣地麦加去朝拜过的人才能被称为阿吉,同时这也需要一定的财产支持),享有极高的声誉与威望。这一家族内的表亲婚姻成为优先婚,是与他们拥有的财产密不可分的,相互之间的联姻使他们的财产仍保留在家族内,也使这一家族在当地地位和权势更加显赫。如今贫富差距越来越大,20年前的平等已不复存在,如果不是婚姻法的限制与乡领导的干涉,这种近亲结婚会愈演愈烈,人口素质也将愈加令人担忧。②

---

① 颜秀萍:《新疆于田县达里雅布依乡婚姻家庭现状调查》,《新疆社会科学》2008年第5期,第112页。
② 同上书,第112—119页。

新疆游牧民族在历史上的通婚规则、缔结婚姻形式有多种，有的延续至今。存在着氏族外婚制、民族内婚制，以及转房婚、等级婚、招婿婚、指腹婚、劳役婚、换门婚、近亲婚、包办婚、自愿婚、入赘婚等婚姻形式。

根据我们调研得知：由于达里雅布依人的历史沿革，自然环境和条件的限制，参考娜拉研究员《新疆游牧民族社会分析》一书所述内容汇总，新疆游牧维吾尔民族的婚姻形式主要有：

（1）民族内婚制：是指在本民族内结婚制，即在本民族内择偶，一般不与其他民族通婚，尤其是本民族姑娘不允许嫁给其他民族，而男子则可以娶其他民族的姑娘为妻。

（2）转房婚：也称收继婚。收继婚是原始社会氏族群婚的残余。很多游牧民族都长期保存着氏族部落制，因而为氏族中收继婚的存在提供了基础，而收继婚存在与私有制的发展密切相关。为保存氏族的财产，就要求成为财产的寡妇留在本氏族中，并保存劳动力。寡妇被收继在本氏族内继续担当繁衍后代的角色，同时，寡妇孤儿通过收继婚得以生存。也就是说，妇女死了丈夫，如果要求改嫁，一定要优先嫁给亡夫的兄弟，如无兄弟，则必须改嫁给亡夫的叔伯兄弟。只有在本家族无人娶时，才能嫁给本氏族外的其他人。如果男女已订婚未正式结婚，并交了许多彩礼，而未婚夫不幸去世，也必须实行收继婚制度，由未婚夫的兄弟或叔伯兄弟娶其为妻。如果女方非要嫁外氏族人，就会产生纠纷。

（3）等级婚：是一种通婚规则。贵族和平民之间不许通婚，尤其不准贵族的女儿嫁给平民作为妻子。等级婚的限制使一些贵族家庭的姑娘择偶范围相对较小。

（4）招婿婚：一般来讲，没有儿子的人家只有一个独生女儿时，就将女儿许配给贫困的小伙子或孤儿，让其上门入家，视为儿子。这种婚姻，除男女双方同意外，一般要经过家族或部落的头人同意，招婿的多是无力结婚的穷苦男子。成婚后，从妻居，成为女方家庭的正式成员，有财产继承权。

（5）指腹婚：是指交情至深的两家指腹为约，产后如各生男女，就结为夫妇。

（6）劳役婚：有些男子付不起高额的彩礼，就以为女方家服劳役的方式来作为聘礼。一般少则五年，多则七年，期满才能携妻回到男方家。

（7）换门婚：主要在经济实力差的人们之间进行，两家相互交换姑娘作为对方家的媳妇，不用交彩礼，双方都可减轻嫁娶费用而减少经济负担。

（8）近亲婚：近亲婚主要有姑表亲、舅表亲、姨表亲等。没有近亲可选择时，才考虑与其他人家联姻。

（9）包办婚：在新疆游牧维吾尔民族的长期发展中，这种婚姻形式最为普遍。表现为婚姻一般是由父母或氏族部落头人包办，青年男女不能自由恋爱。婚姻一般都是由父母包办。中华人民共和国成立后才有恋爱自由和婚姻自主的权利。

（10）自愿婚：中华人民共和国成立后，新疆游牧维吾尔民族的青年人才有了恋爱婚姻的自由。

（11）入赘婚：在达里雅布依较为少见。据我们调查仅有两例，而且都具有一定的前提条件。一例是为赡养老人；另一例是因为贫穷。库瓦罕是达里雅布依乡最年长的老人，100岁左右，女婿"嫁"到他家，实为共同承担赡养老人的义务。库尔班穆萨一家在当地比较贫穷，由于前几年他们一家迁往于田县城，错过了草场分配，在县城无法生存又回到达里雅布依乡，家无一只羊，八个兄弟姐妹和父母靠救济，另外，仅靠挖大芸、打临工度日。由于贫穷，已算大龄的库尔班穆萨一直没有婚配。也许是真主安拉顾念着他的每一个子民，竟让库尔班穆萨在茫茫克里雅河滩捡到了一块珍贵的羊脂玉，卖了几千元钱，才有了提亲的资本。女方是私生女，由舅舅抚养成人，好心的舅舅给了他们几只羊，并为他们在自家附近准备了婚房及家居用品。这是当地最典型的一例入赘婚形式，其根本原因在于男方家境贫穷，无法自立门户。

2. 婚姻年龄

在初婚年龄方面，新疆游牧维吾尔族有早婚习俗。他们流行一句俗语："女孩子一皮帽子打不到就可以结婚。"过去女孩十二三岁，男孩十五六岁就可以结婚。如果女孩子到十四五岁还未出嫁，社会舆论就给女孩及其家庭带来极大的压力。由于早婚的存在，一些出嫁的幼女无法履行妻子的义务，也无法承担生儿育女的责任，对婚姻的存续带来了许多隐患和麻烦。中华人民共和国成立后我国婚姻法对结婚年龄有了严格的规定，基本上废除了早婚习俗，但早婚现象在当地仍未从根本上杜绝。①

夫妻之间年龄差别大，这是新疆游牧维吾尔民族传统婚姻中的一大特点。丈夫比妻子年龄大的占绝大多数。

3. 婚娶条件

新疆游牧维吾尔民族的传统婚姻具有买卖婚姻的性质。在传统习俗中，聘礼多数是羊，直接体现了游牧社会的经济特征和物质生活条件。完全是一种买卖式的婚姻。他们的婚配，不论年岁门户，唯视聘礼的多少而决定，这种聘礼数量的多少，完全由媒人从中磋商协定。

在新疆游牧维吾尔族的婚娶条件方面，有句俗语："美丽的姑娘值80匹骏马。""一个家庭生下几个女儿就可以成为富人。"在过去传统的婚姻中，娶亲要交付彩礼的多少，虽然以双方的经济条件和社会地位而定，但一般也有个不成文的标准。只有交纳完彩礼，才能言婚。男方把为女方准备好的结婚用品，如衣服、被褥等送到女方家，还要给女方父母、兄弟姐妹等近亲赠送衣料等礼品；另外，还要给女方父母支付一定的"喂奶费"等。②

二 关于家庭

家庭是以婚姻关系、血缘关系或收养关系为纽带而结成的有共同生活活动的社会基本单位。由于婚姻关系在某种意义上是作为家庭成立的前提存在的，而收养关系在家庭中是被当作血缘关系看待的，因此，家庭一直作为人们社会生活活动的基本单位，是最普通的也是最

---

① 娜拉：《清末民国时期新疆游牧社会研究》，社会科学文献出版社2010年版。
② 同上。

重要的初级社会群体形式。①

1. 家庭组织、规模与结构

达里雅布依人的家庭组织，是以夫妻关系为基础的家庭制。在家庭成员中，年长者最受尊重。步行走路时，长者需要走在前头，说话需要让长者先说，就座时必须让长者先坐；吃饭时，需要先给老人端饭等。对长者的尊重、子女对父母的孝敬、媳妇对公婆的侍奉、妻子对丈夫的体贴等均为达里雅布依人家庭传统的美德。

家中一般是三代同堂，独生子女即使成家也不分家立户，一个家庭如有多个子女，家庭会在儿子长大结婚后由父母分家另立门户，但需要留下一个儿子作为依靠。达里雅布依人和其他民族一样，父辈对子女有命名、抚养、教育及婚嫁等责任，子女对父母有养老送终的义务。

达里雅布依人的家庭规模与结构以夫妻关系为基础的小家庭为主要类型。一个家庭一般都有祖孙三代以内的直系亲属。

到法定结婚年龄时就给子女成亲也是游牧维吾尔族的传统习惯，而且婚后都主张早要孩子。儿子长大结婚后，可与父母同住。但是当次子结婚后一般要分家立户，长子一般都要搬出；而三子结婚后，次子也要搬出，以此类推；最小的儿子一般与父母长期居住。

分家的时间和方式没有硬性规定，有些家庭长子结婚后，如果家庭经济条件较好，而且次子也已长大，即将结婚，就会给长子另建新居，长子一家搬出单过。也有一些家庭由于没有建新居所的条件而让儿子长期与父母合住。

最小的儿子通常与父母同住，同时承担赡养父母的主要责任。根据调查，只要是已分家的家庭，都另立户籍。通常情况下分家的原因主要是为了家庭和睦。在他们看来，家中儿媳多了，儿媳之间及儿媳与婆婆之间会发生矛盾，影响家庭和睦。另外，人口太多也不便于生活。

在达里雅布依，任何家庭都有一个由核心家庭向扩大家庭转化的

---

① 娜拉：《新疆游牧民族社会分析》，民族出版社2004年版。

过程。按达里雅布依人的传统习惯,孩子结婚后就另立门户,组成独立的核心家庭。丈夫主外,妻子主内。放牧羊群,割草打坝,谈生意,跑运输等体力活及需与外界打交道的事情均由丈夫来完成;养育孩子、洗衣做饭、整理院落等家务活则由妻子承担。夫妻俩扮演不同的角色,共同担负着家庭的责任。当父母年老失去劳动能力以后,由小儿子负责照顾父母的生活。因此,小儿子结婚后仍与父母住在一起,组成一个扩大家庭。

2. 家庭关系

家庭关系通常表现为家庭成员之间的互动行为。这种互动,既包括物质方面,也包括精神方面。从人际关系的角度看,这种互动又包括不同家庭角色之间的联系。按照家庭成员之间的人际互动,游牧维吾尔族家庭关系应包括夫妻关系、亲子关系、兄弟姐妹关系、婆媳关系、妯娌关系、祖孙关系、姑嫂关系、叔侄关系等。[①]

(1) 夫妻关系

受宗教信仰、传统文化、生产与生活环境的影响,夫妻关系是维吾尔族家庭关系中最核心的关系。夫妻关系是建立在对男性的尊崇和依靠的基础之上,它决定和直接影响家庭人际关系中的许多方面。在绝大部分家庭中,丈夫是绝对家长,有决定权,地位最高。之所以如此,除了伊斯兰教的影响之外,主要还是由两性的生理特征、相对艰苦的生存与生产环境以及传统因素等决定的。丈夫的这种权力和地位具体体现在家庭内部分工、继承权和处理家庭与社会的关系等方面。作为妻子,对丈夫的这种权力和地位是认可和支持的,甚至因此而感到生活有指望和保证。[②] 在日常生活中,如决定所属土地的使用方法、家庭的经济支出原则、子女成亲、家畜的购进与出售、家用农机具与家具的购买与使用等重大事情一般与妻子商量后由丈夫决定。而抚育

[①] 冯雪红:《维吾尔族妇女婚姻模式及婚姻家庭关系》,《吉首大学学报》2010年第5期,第75—80页;拜合提亚尔·吐尔逊:《现代农村维吾尔族家庭规模与结构、家庭关系及家庭功能初探》,《西域研究》2005年第3期,第121—126页。

[②] 拜合提亚尔·吐尔逊:《现代农村维吾尔族家庭规模与结构、家庭关系及家庭功能初探》,《西域研究》2005年第3期,第121—126页。

儿女和赡养老人和日常家务均属妻子分内工作。大部分家庭中，财政由妻子掌管，但由丈夫宏观控制。户外农事活动大部分由丈夫承担，妻子只是助手。

（2）父母与子女的关系

游牧维吾尔族认为生儿育女是人的本能，养育孩子是父母的责任；善待父母，给父母养老送终是子女的义务。父母与子女之间的关系就是建立在这种世代相传的共识基础之上。在家庭里，父母与子女的关系因父母在家庭中的作用的不同而有所不同。母亲主要照管子女的生活事宜和家务，与子女相处的时间较多，所以较多地给孩子传授一些日常生活常识、习俗和礼节礼仪等。父亲对子女则主要起到一种精神依托和生活保障作用，给孩子们传授一些基本生活经验、生产技能及为人处世的道理和方法。

（3）兄弟姐妹之间的关系

游牧维吾尔族达里雅布依人家庭中一般有三四个孩子，甚至更多，年长的孩子会担负起帮助父母干活以及照顾弟、妹的责任。长子在家庭和子女当中具有较为特殊的地位。如若父亲出远门或去世，长子要在家中发挥家长的作用，弟弟妹妹（包括姐姐）都必须尊重他，遇事与其商量。兄弟姐妹们成家之后，无论多忙，也都会经常往来，互通有无，特别是在节假日更要互相拜访。

（4）祖辈与孙辈的关系

按照维吾尔族的传统习惯，祖辈与孙辈的关系非常亲近，有些家长会将长孙作为幼子来领养。对孙辈不分孙子与外孙，而一般情况下，不分外公、外婆，孙辈对祖辈都统称为琼达达、琼阿娜（维吾尔语，汉语即爷爷、奶奶）。

（5）公婆与儿媳的关系

在家庭人际关系中，公婆与儿媳，属最为敏感的一种关系。在大部分家庭里，媳妇娶进家后，便成为家务活动的主要承担者，婆婆只做一些指导性的工作。但在儿媳怀孕和生育期间，婆婆会重操家务，承担起更多的家务。儿媳在婆家具有与家庭女孩们平等的甚至更大的权力，与公公之间禁忌较多，更要尊重。

（6）岳父岳母与女婿的关系

在维吾尔族社会，女婿相当于是岳父岳母的亲生儿子，对女婿的迎送及招待甚至都超过亲生儿子。作为女婿，逢年过节时要陪媳妇和孩子们一起去岳父岳母家拜访，农忙季节必须要抽出一定的时间去岳父岳母家帮忙。[①]

3. 两性地位

由于新疆游牧民族社会普遍积淀着浓厚的宗法人伦关系，因而家庭关系、财产继承制度中，游牧民族传统家庭实行着严格的父系家长制，一般以男性家长为一家之主。

男性家长在生产和生活中占据着主导地位，妇女承担着全部家务劳动，地位相对低下。在家庭中祖父辈具有最高威望和权威，妻子必须绝对服从丈夫，子女无权反抗父母的旨意。18世纪初习惯法规定："凡是父母杀死自己的儿子不受任何惩罚"，"女人仅算半个男人"。在游牧民族中，儿媳的地位比较低。结婚两三年内新媳妇都不能与公公或比自己丈夫年纪大的亲朋见面，遇则避之。[②]

家庭财产的占有形式决定了家庭财产的继承制度。习惯法规定，人一降生就应该拥有一定的财产。但是，主要还是由家长支配家庭财产。确切地讲，是父亲享有对家庭财产的支配权。母亲的随嫁财产往往被作为母亲个人的财产而与家庭财产分开。作为游牧民族，家庭财产主要是畜群，家庭财产的分配主要围绕着畜群。[③]

财产占有和继承制度上，更加体现男权地位。在达里雅布依大部分家庭中，儿子具有70%的财产继承权，女儿享有30%的财产继承权。规定实行幼子继承制。父亲去世后，幼子顶替户主，幼子的其他兄长要在父母健在时分家另立门户，父亲在世时就为已婚儿子分配好家产，提供基本的生产生活用品，父母去世后不得向继承者再分任何遗产。妻子对丈夫遗产的继承只是在其表示不再改嫁时才有可能。丈

[①] 拜合提亚尔·吐尔逊：《现代农村维吾尔族家庭规模与结构、家庭关系及家庭功能初探》，《西域研究》2005年第3期，第121—126页。

[②] 娜拉：《新疆游牧民族社会分析》，民族出版社2004年版。

[③] 同上。

夫死后，若寡妇不改嫁，则有财产继承权，与儿子同享遗产。女儿对父亲的财产权利是以陪嫁形式支付的，没有权利再分得任何遗产。

新疆游牧民族传统的家庭财产继承制对保证家庭关系的稳定、生产生活的正常进行具有一定的积极意义。与游牧社会的继承制度和性别关系模式相适应，新疆传统游牧民族在居住方式上自然表现为"从夫居"。

4. 家庭与离婚

虽然达里雅布依女人在家庭中起着举足轻重的作用，但女人的地位并不高，女人一生的命运都受到丈夫的主宰。在达里雅布依，只要丈夫对妻子摔三次帽子，这段婚姻就自动宣告结束，其后两人可自由选择新的配偶。妻子可带走当初陪嫁的财产，孩子的归属由夫妻商量而定。通过对当地离婚状况的调查，我们调查了不同的人，了解得到了不同的描述与数据。原乡党委书记王宗礼介绍说，当地的离婚率比于田县其他地方要高20%左右。主要原因是夫妻不和，或夫妻双方的父母有矛盾。据一位在当地教了六年书的教师说，当地的离婚率很高，离婚现象很普遍，有80%—90%。他所介绍的情况是他所认识的人家中只有一对夫妻是白头偕老的，其他家庭都有变故。据一位在当地居住了16年的于田县人海迪且姆罕介绍说，当地的离婚现象要比于田县城少，主要原因是在达里雅布依结婚费用太高。在于田县结一次婚只要两三只羊、一袋大米就够了，而在这里结婚，来的客人多，住的时间长，要六七只羊，两三袋大米；结一次婚不容易，所以不会轻易离婚。三个人的描述存在着较大的差距，20%或90%的数据都是自己的感性认识，并没有确切的统计数字加以证明和印证。[1]

我们在调查中还了解到有一个家庭六个兄弟姐妹中四个有再婚的历史，再婚的原因一是配偶死亡，另一方再婚；二是女方不能生育或生育的孩子不能成活或生育的孩子有残疾，男方提出离婚后再婚。

除这个家族所反映的为了人类社会正常的繁衍发展和生老病死等

---

[1] 颜秀萍：《新疆于田县达里雅布依乡婚姻家庭现状调查》，《新疆社会科学》2008年第5期，第112—119页。

自然因素而离婚、再婚外，还有就是人类的特殊的感情需要和道德情操标准需要等人为因素所导致的离婚，这大致有四种情况：一是双方因性格不合、感情不和导致的离婚。这里家庭暴力事件并不多见，丈夫虐妻，男人打老婆的事情较少发生，通常是好合好散。二是因一方懒惰，缺少责任感而另一方提出离婚。三是因父母干预而导致离婚。在达里雅布依也普遍存在早婚现象，女孩子十四五岁，男孩子十六七岁结婚，一个新家庭是在双方父母的包办下组建起来的，因此初婚家庭还受到双方家长的制约，如果双方家长产生矛盾，一些不明事理的父母往往会把矛盾转嫁给儿女们，利用家长意志强行使他们的家庭破裂，而年轻人似乎还没有主宰自己命运的能力与权利。四是婚外恋而导致的离婚。这里的婚外恋与我们通常意义上的婚外恋有一些区别；这里性行为比较开放，少受约束，人们不会因为婚外性行为而离婚，其主要原因是在达里雅布依乡存在着较为严重的人口比例失调。2002年的人口统计显示，男女比例是121∶100，这就意味着有20%多的成年男性将独此一生。而在这地广人稀与世隔绝的偏远大漠中，没有社区，没有集会，没有娱乐，家庭对人的重要性无疑显得更为突出，因此对家庭的渴望往往会使人的行为显得自私褊狭，我们常说的"撬墙脚"或"破坏他人家庭"的事情时有发生。[①]

历史上对维吾尔族人的婚姻曾有过这样的记载：夫妇不和，随时皆可离异，夫妇若不睦，辄自离异。这一古老的遗风在这少受时代潮流洗礼的偏远地区得到了完好的传承，社会对离婚的赞同，对重组家庭的认可，使人们能够轻易地离婚再婚。女人在娘家所获得的对财产继承权减弱了她对丈夫在经济上的依赖，结婚一年之内离婚，女方可带走陪嫁，对婚后的共有财产可通过协商解决，对孩子的去留也具有一票决定权，因此，离婚对女人而言并没有那种天塌下来活不成的恐惧感，回到娘家也不会受到谴责和歧视，她可独立面对生活，也可很快把自己再嫁出去。对男人而言，离婚后他并不需要付抚养费，承担

---

① 颜秀萍：《新疆于田县达里雅布依乡婚姻家庭现状调查》，《新疆社会科学》2008年第5期，第112—119页。

太大的损失与责任,有些男人甚至把离婚的次数作为自己骄傲的资本,因此,离婚也不会给男人带来多大的负面影响。这些因素都使当地离婚现象的普遍性得到了一些诠释。一个民族的婚俗是这个民族的历史、经济、文化发展、地理环境等人文的、自然的因素交错而产生的结果,每个民族也因此以自己独特的文化展示于世界,无所谓绝对地好与坏、先进与落后。维吾尔族社会的离婚习俗也是如此。这里只是真实地记录和分析了达里雅布依人离婚现象的普遍性及原因。①

三 关于亲属制度

亲属制度是人类史上最古老的文化遗产。根据人与人之间的两性关系和血缘关系的远近来构成人的社会,根据地缘关系来构成区域性的社会,是后来的产物。

亲属制度是反映人们的亲属关系以及代表这些亲属关系的称谓的一种社会规范。通常也称为"亲属称谓制度"或"亲属名称制度"。摩尔根的婚姻家庭制度的进化理论认为:亲属称谓和社会制度是对应的,随着社会向前发展,对应关系也是变化的。有什么样的婚姻形式就会有什么样的家庭形式,有什么样的婚姻家庭就会有什么样的亲属制度。"每一种亲属制度表达了该制度建立时所存在的家族(家庭)的实际亲属关系。因此,它也反映了当时所流行的婚姻形态和家族形态。"亲属制度是婚姻家庭形式的反映或记录,而婚姻家庭形式是随着社会的发展不断发展的。"家族(家庭)表现为一种能动的力量","亲属制度是被动的,亲属制度把整个家族每一段时间所产生的变化都会记录下来"。"当整个家庭继续发生变化的时候,亲属制度有可能会固定下来,当后者以习惯的方式继续存在的时候,家庭有可能已经超过它。"②

新疆游牧维吾尔族的亲属制度是其婚姻家庭形式的反映。从亲属称谓来看,在亲属称谓上的特色,与其社会、地域的特殊社会构成和

---

① 颜秀萍:《新疆于田县达里雅布依乡婚姻家庭现状调查》,《新疆社会科学》2008年第5期,第112—119页。

② 娜拉:《新疆游牧民族社会分析》,民族出版社2004年版。

身份认同方式有密切关系。[1]

亲属称谓的特点是：在直接称谓时，亲属称谓只有父母辈、兄弟姐妹辈和儿女辈三类；在交际生活中，彼此对称时，一般不按辈分。

1. 亲属关系与亲属称谓

达里雅布依人之间错综复杂的亲属关系主要表现在两个方面，一是互为亲属关系，即家家都沾亲带故。由400年前最初的2户人家，发展到现在的近400户人家，尤其是最近20多年，户数与人口数的增长超过了历史上的任何时期，由20世纪80年代的169户人家、800多个居民，发展到现在的近400户人家，1800多名牧民，虽然说明他们择偶的人数范围广了，但择偶的地域范围并没有发生根本性改变，仍局限于本乡范围内，只有个别其他地方的妇女嫁到这里，因此，可以说他们是由同一根系发展而来又相互交错再生的大树。二是同一人身份复杂，即同一人对另一人来说具有不同的身份，存在多重亲戚关系。[2]

从当地的亲属关系和亲属称谓我们看出这样几个特点：第一，单纯的称谓形式有八类，严格说来基本称谓只有六类，其他称谓形式都是在单纯的称谓形式的基础上附加其他词来加以区别的。第二，这些亲属称谓对直系亲属具有一一对应的作用，对旁系和血亲关系来说都是一对多的关系。对旁系和血亲关系最常用的称谓形式是"名＋亲属称谓"，对比自己年龄小的则直接称名。第三，对直系亲属的称谓具有性别、代际差异，对旁系和血亲的称谓更多强调的是性别和年龄的差异。[3]

"称谓反映个体在其社会中的地位，特别是亲属称谓受到一个社会现存亲属群体的影响。"有时候，这些因素能够通过在某一个特定的范畴将年轻的和年老的个体区分开来而得到满足，或者通过强调某个特定亲属的性别而得到满足。[4]

---

[1] 娜拉：《新疆游牧民族社会分析》，民族出版社2004年版。
[2] 颜秀萍：《新疆于田县达里雅布依乡婚姻家庭现状调查》，《新疆社会科学》2008年第5期，第112—119页。
[3] 同上。
[4] 同上。

达里雅布依人的亲属称谓强调了直系亲属在生活中的重要性，对旁系亲属也起到了分类和相似性的作用。此外，对旁系亲属的称谓与当地的婚姻制度中配偶对象除了排斥同家族的成员以外，对辈分、年龄没有特别的限制，只有民族的限制。

2. 近亲结婚与人口素质

近亲结婚与长期在一个封闭的小范围内通婚所导致的后果就是人口素质的不断下降。调研途中，在人家不多的情况下，屡遇身体残疾者、严重的大脑痴呆者、轻度的智障患者等，这不能不说是一件令人担忧的事情。我们无法挨家挨户统计到底有多少先天的各类残疾者，据王书记介绍说，比例比较高，尤其是智障患者。[1]

现在随着交通工具的不断改善，以及与外面世界接触的增多，已有数名于田其他地方的妇女嫁到达里雅布依，但这种情况数量很少，占比很小，无法从根本上解决问题。自从建乡以后，婚姻法已开始实行，但仍有一定的阻力。现在于田县实行教育移民，即四年级以上的学生免费接到县城上学。老一代达里雅布依人不愿离开他们世世代代居住的地方，也无法适应外面的世界；而年青的一代从小接受现代教育，无论是人生态度、生活观念还是思想意识、思维模式都会有一个转变，这样更容易融入新的环境。同时实行分散移民而非集中移民，这样也能让他们真正融入其他群体当中。[2]

第三节　达里雅布依人生产生活方式

达里雅布依乡1989年成立。这里的人，体魄健壮高大，性格豪爽纯朴。其外貌、语言、宗教信仰、风俗习惯等都与于田县城维吾尔族人基本一样。只是由于地处偏隅和恶劣的地理环境，因沙漠的阻隔、道路不畅、交通工具的落后，他们一直过着与世隔绝的生活。也正因为如此，他们保持了比较古朴的民风民俗和独特的原始生活

---

[1] 颜秀萍：《新疆于田县达里雅布依乡婚姻家庭现状调查》，《新疆社会科学》2008年第5期，第112—119页。

[2] 同上。

方式。①

达里雅布依人以游牧畜牧业为主,辅助种植大芸、甘草等特色药材。他们沿着克里雅河生活,有水的地方才会有牧草,这些牧草养育着他们的羊群,同时这些牧草也养育着他们的子孙后代。达里雅布依人没有定居的概念,哪儿有水他们就迁移到哪儿,哪里有水和胡杨林生长,他们就住在哪儿。克里雅河水的好坏决定着达里雅布依人在这片土地上生活的质量,克里雅河的流向也不会给达里雅布依人任何信息。达里雅布依人每天的工作基本上只有牧放羊群、砍柴和维护自己挖掘的、可以饮用的水井,因为克里雅河混浊的河水是无法直接饮用的。另外,他们种植药材,增加经济收入。

达里雅布依的人们生活极其简单,没有任何压力和劳动强度,男人负责放羊,女人负责做家务,平时悠闲自在。近几年在政府和社会各界的大力支持下,每家都打了手压水井,部分人家安装了固定无线电话及太阳能发电装置,个别人家还购买或受赠了电视机。1—3 年级的孩子由政府强制送到乡政府住校上学,4—6 年级及初中 3 年的学生到于田县城上学,从 2010 年扩大到整个 6 年中学阶段,费用全免,由县政府财政全部负担。

达里雅布依人的生活单调,生活里只有漫天的黄沙和傲然挺立的胡杨林,稀疏的沙漠草场和悄悄流动着的克里雅河水。在达里雅布依人的认识里,他们认为外面的世界和达里雅布依一样,悠闲而纯朴。他们进到县城后才发现人太多,很难做到像平时一样见到每个人都表示自己的问候和祝福。于是达里雅布依人认为县城里的人没有礼貌,见到长者也不问候,并且感到不习惯。

为了生存,达里雅布依人非常崇拜火,保留了古老的拜火习俗。他们知道一旦没有火就意味着没有生命。所以在他们每家的火塘里,火总是在不停地燃烧,甚至有上百年没有熄过的历史记载。而且无论他们游牧到哪里,最需要延续保存下来的便是火种。②

---

① 买托合提·居来提:《沙漠绿洲——于田县达里雅布依》,《和田师范专科学校学报》2010 年第 3 期,第 31—33 页。
② 同上。

达里雅布依人会根据周围环境沙化的程度和沙丘的走向,寻找一处茂密的胡杨林,根据胡杨树干和叶子判断含水层的深浅,他们会选择在河水平缓的洼地边上构筑较为稳定的居所,他们对生存环境选择的判断力,远不是我们想象的那样浅显。

人的生命贵在有水,达里雅布依人为了生存也不例外。他们同样非常关注水源,他们的水源主要依靠克里雅河流动的河水,由于克里雅河流入达里雅布依境内的地表水是浑浊的,泥沙含量大,他们从来不能直接饮用河水。克里雅河属于季节性河流,每年秋末到次年春天是枯水期,当河水断流干涸后,淘井成为他们取水唯一可行的途径。他们的饮用水是靠自己挖掘出来的水井。

达里雅布依人每每迁居一个新的地方,他们并不急于搭建木屋,最重要的事是淘井找水,寻找合适的地方挖井,需要考虑河水的流向、流量及河水渗流到水井的距离。每口井都由全家合力修成,孩子们从小跟大人学找水、挖井而不是放羊。

图 3-1　新疆和田地区于田县达里雅布依人挖的取水井(摄影:陈亚强)

在沙漠里挖井是比较困难的一项工程,再加上他们挖井的工具十分简陋,一把坎土曼和胡杨木制成的水桶。同时挖井要耗费较多的工时,他们先是根据所需井口的大小,清除地面上的浮沙,在入口处开垦出一条坡道，挖成的井口宽敞，大多呈正方形。往深处挖到 1.5 米左右会留下一个台阶，一般挖掘到台阶下 2 米处就会发现井水水源。由于水井四壁均为沙土，为防止井壁坍塌，在井壁的四周夯入胡杨木立柱，在立柱和井壁间隙以胡杨木枝条紧密排扎，每口井都备有独木做成的梯子供人上下取水，通常井水的深度不会超过 50 厘米，因为深水层的水矿化度高，为了饮到淡水，大多数的井水层很浅。他们常常用木瓢舀水盛装桶内。每口井拥有的水量不多，只能用水桶通过独木梯往上提水，如果改为较省力的吊桶，打上来的水会有半桶是沙子。

图 3-2　新疆和田地区于田县达里雅布依人的饮水井（摄影：尚昌平）

位于克里雅河西岸的水量逐年在减少，西岸的每户人家每年都需要深淘水井，而井深5米以下的水矿化度在30克/升，已不能供人、畜饮用。为改善生存环境，不得不逐河淘井。水井又不能离河太远，因为渗流距离越长，水质矿化度会越高。因此，他们只能沿河迁居。

居住在达里雅布依的人家，每家至少有两口水井交替使用，他们在河岸阶地淘井一口，这口井只能在每年的洪汛前一段时间使用，这段时间也是人、畜最难忍受的日子，此时冰块吃尽，井水见底，需要他们深淘水井，那时的井水苦涩难咽，他们一直要熬到洪水到来。

达里雅布依人的节水意识近于苛刻，不管是四百多年来祖上的遗训，还是族群里约定俗成的规矩，都要求达里雅布依每一位牧民谨守珍惜水源这一最起码的生存法则。

在达里雅布依，为了节约用水，女人们总是在夏季丰水期清洗一年乃至多年未曾洗涤的衣物，在达里雅布依甚至还有以沙揉搓清洗衣物的情形，夏天时常看到他们用细沙清洁带有汗渍的衣物。

达里雅布依的姑娘出嫁时，最关心的不是财产，而是水井，因为在这里家中没有更多贮水的器皿，女人每天都需要靠水桶提水做饭，女人对井最依赖，没有水井，房屋会瞬间形同废墟。

每年的春季至秋末这半年时间里，克里雅河为地面河，河水会慢慢渗流到水井中。冬天来临前，河岸阶地上的水井成为枯井，他们只得在断流的干河道上淘井，靠克里雅河潜水维持到第二年春汛到来。待洪汛之际，他们将再次使用河岸阶地上的水井。因为水源的原因，达里雅布依人只能沿河而居，频繁迁徙。

流经达里雅布依的克里雅河水是来自昆仑山雪水之余，地面河水在达里雅布依变得微咸。克里雅河丰水季节地表水渗入地下补给潜水，形成埋藏地表下第一个稳定隔水层之上的地下水，在枯水期，低洼处的潜水可以补充地表水，达里雅布依岸边的井水来自潜水。

可以看出，达里雅布依人每年都为水所累，尤其在秋末冬初，枯水期河水水量减少，直到冬天残水冻结成冰，他们将冰块搬到井内，这时的水井就变成了冰窖。由于水的原因，大多数达里雅布依人一生只能洗三次澡，出生时的洗礼、成婚佳期和最后走上天堂的归途。在达里雅布依，水足以拯救生命，他们对万物生存的理解比我们更直接、更深刻，比我们更有感情。

1. 达里雅布依畜牧业是主要的生产方式

达里雅布依的生产方式主要以畜牧业为主。他们的畜牧业主要是放牧羊群，他们很早就懂得根据草地载畜量放牧羊群，不过在达里雅布依适宜放牧羊群的草地并不多，草场的载畜量十分有限，他们时常要为羊群寻找新的草场。一旦有两个牧羊人相遇在同一片草地，由于草场资源的限制，他们其中一个必须另找牧场，因为他们不能在一处争生存，狭小的草地不允许他们聚落。于是，他们只有到更远的地方寻求生存。

在春夏秋季节，他们放牧很简单，由于这里具有一定的植被环境，因而他们的放牧相对比较稳定也无须进行游牧。然而，这种放牧，是所谓的放而不牧。这里有许多羊群，而牧羊人却不多。羊群的主人将羊群放到胡杨林中就不用再管。有时羊群半个月不用赶回，而且也不会丢失。羊群以胡杨树叶和苇草为食。白天脖子上挂着铃铛的头羊自会带着羊群在胡杨林里闲逛。嚼了一天胡杨叶的羊群渴了，头羊一路晃着铃铛领着羊群来到水井边，井里竖着一根胡杨木，用斧头砍出台阶，牧民看到羊群在井边聚集，就沿着独木梯下到井底，提着水，沿着梯子从井底爬上来，将水倒进用一根胡杨掏凿而成的水槽里供羊群饮用。

在夏天，牧民们会收割沿河两岸成片的芦苇和秋天胡杨的落叶一起储存起来，用以冬天给羊喂食。

达里雅布依人离不开斧头，曾被传为"有尾巴的野人"不过是达里雅布依人别在腰后的斧头的长柄，他们要用它砍下胡杨树枝让羊吃树叶，还要劈斩枯死的树枝用以烧饭取暖。

牲畜的食物为河边的胡杨和红柳，而对于游牧羊群的数量，当地人都没有具体去计数。当地人认为羊群数量不能数，如果数出具体的只数，只会给羊群带来灾难。

如何牧羊：养圈在居住房子屋后100多米。牧民做完祈祷后就将围栏打开，羊儿跑向胡杨林和草滩，没有人跟在后面。不管走多远，羊群都会在黄昏时分自觉回到围栏中。牧民会核对一下羊群数量，尽管没有计数，但居民也知道少了哪只羊，因为羊就是他们的财富，如同孩子一样。

有些家庭收入全靠畜牧业，没有其他收入，由于住在河边，有时他们也在河里打鱼，自己食用。

2. 畜牧之外的副业——采集药材

除了畜牧业生产方式之外，近年来，随着与外界沟通的不断增多，当地人不再仅限于传统的"物物交换"的交易方式，也开始用大芸换钱进行"钱物交换"。当地人的生活用品，有些就是靠羊皮、羊毛、药材等从县城中换回。经常性的"物钱交换"方式是用采集在当地寄生在红柳根上的野生"大芸"（医学术语叫管花肉苁蓉）换取钱财。

"大芸"号称沙漠人参，因其肉质肥厚，也有肉苁蓉、金笋、地精等别名，是寄生在沙漠中梭梭、红柳、白刺、沙枣及蒿类等植物根部的一种中药药材，是一种多年寄生草本植物。依靠这些植物的根供给养料和水分。同时，它是野兔最爱吃的食物，维吾尔族人称为"吐什干斋代克"（意为兔子吃的黄萝卜）。一丛沙漠灌木一般寄生一窝大芸。通常每窝只有一条根寄生大芸。寄生大芸的根不再长须根和侧根。

和田是我国大芸的重要产地之一。大芸分布于柽柳灌木丛植被，于田县克里雅河下游的野生大芸产量较高，质量较好。大芸药用的肉质茎春秋采挖，以出土前采挖的质量为好。大芸在年降水量不足40毫米的沙漠干旱地区能生衍繁殖，是与它的种子及寄生红柳等灌木的顽强特性分不开的。[1]

大芸在我国医用已有1800多年的历史，被历代御医列为滋补上品，具有润肠通便，和颜悦色，滋阴壮阳，延年益寿之神奇功效。《名医别录》言其除膀胱邪气，腰痛，止痢。《甄权药性本草》中有"益髓，悦颜色，延年，治女人血崩，男人壮阳，大补益，主赤白

---

[1] 颜秀萍、刘正江：《关于新疆于田县达里雅布依乡生态环境的调查研究》，《新疆大学学报》（哲学人文社会科学版）2008年第4期，第78—82页。

下"的记载。鉴于其神奇的药用价值，于田县管花肉苁蓉被收入2005年版《中国药典》，将其列为正品药材走遍全国，进入国际市场。①

法国作家维克多·雨果曾说，所有的植物都是一盏灯，而香味就是她的光。在于田，红柳是沙漠里的灯，而在红柳根部寄生的大芸，就是一朵能产生芳香的灯花。

秋季挖红柳大芸是达里雅布依人放牧之外的另一个主要经济来源。只有勤劳的达里雅布依汉子才会刻意采挖红柳大芸，放置在房前屋后，自然风干后换几张钞票。

达里雅布依的红柳大芸品质上乘，绝对的野生绿色植物，一公斤晒干的红柳大芸到县城能卖到80元左右。挖大芸的季节一般是春秋两季，深秋是挖大芸的最好季节。当地人挖大芸时，要在大漠上跋涉一个多月时间，挖到哪里，晚上就住宿在哪里。

达里雅布依乡有一位牧民，他的本领就是观察一番某一棵红柳，就能断定其根部是不是生长着大芸。他说自己是根据红柳枝条和叶子枯黄程度，并结合周围土壤的特征来判断大芸寄生方位的。一般说来，根部有大芸的红柳长势不旺。首先要绕着红柳转几圈，用坎土曼在松软的沙土上重重地砸下去，连续砸几下，根据声音的闷脆程度，来判断大芸的生长方位。从他8岁放羊起，就跟大芸接触。他整日在沙包里转，找大芸，挖大芸。通过挖大芸也增加了经济收入。

一片荒凉的流沙地，别的植物一般很难生存，只有红柳能紧紧抓住流沙中的水分，为大芸生长提供养分。在达里雅布依，挖大芸的人都十分珍视生态。挖一窝大芸后，一般都要把带有水分的沙子回填。不然，滚烫的沙子会把红柳烫死。一棵寄生有大芸的红柳，就像一个宝藏，只要不去破坏大芸的寄生点，只要生命力很强的红柳不死掉，就可以一次次地去采挖大芸。②

据《徒步穿越死亡之海》（《青年月刊》1991年第10期）里介

---

① 吾买尔江·买买提：《新疆和田红柳大芸（管花肉苁蓉）及其药用价值》，《中国科技博览》2013年第37期，第628页。
② 同上。

绍，1991年，大芸的年产量为10万公斤，这给当地人带来了人均几百元的年收入。

3. 其他

放牧和采挖大芸是达里雅布依人的主要经济来源，由于大河沿乡的自然环境越来越差，挖到野生的大芸越来越少，很多年轻人除了放牧，也没有其他更重要的事情可做。夏天，他们可能储存一些河岸边成片的芦苇，以做冬天的羊饲料，或者用长柄斧头顺手砍下胡杨树枝，给羊群吃树叶，将树干拖回家烧饭取暖，这就是达里雅布依汉子最苦最累的事情了。现在也有个别青年到县城做点小生意或外出打工。

此外，还需要分析的是与北方地区的游牧生活不同，达里雅布依人的生活方式虽然具有游牧民族的特点，但是略有区分，区分在于该地的游牧是相对稳定的游牧生活方式。

总体上来说，由于自然环境条件的限制，当地的社会生产方式依旧十分简单。外来人在达里雅布依是难以生存的，达里雅布依之所以能够在"沙漠腹地"存在，是因为克里雅人适应了这种生存环境。正因为有克里雅河水的流经，即使在冬季枯水期，距河床底部约2米的地方仍会有丰富的地下水。大片的胡杨林是牲畜的天然牧场，为达里雅布依人提供了赖以生存的基本条件，使得他们祖祖辈辈在这里繁衍生息。①

第四节 达里雅布依人服饰文化

民族服饰是民族文化的特殊载体，作为一个民族的外在符号，民族服饰成为民俗文化中一个重要组成部分。民族服饰文化集中反映了民族在环境、宗教、美学和习俗等方面形成的传统观念和心理素质。每一个民族的服饰文化都与该民族的生态环境、宗教信仰和社会形态

---

① 黄德泽：《神秘的达里雅布依·之一》，http://blog.sina.com.cn/s/blog_563728da0100nk0g.html。

等息息相关。维吾尔族服饰作为一种文化载体,是维吾尔族和其他民族相区别的主要标志之一,是中华民族服饰文化的重要组成部分,对其深入研究大有裨益。①

达里雅布依人生活在新疆南部和田地区于田县达里雅布依乡,属于游牧维吾尔族人。他们"逐水草而迁徙",与其他维吾尔族不同。由于地处偏隅和恶劣的地理环境、沙漠的阻隔、交通工具的落后,他们一直过着几乎与世隔绝的生活。逐渐形成了有特色的民族民俗村落,在衣食住行方面这里至今依然保留着古朴淳厚的民俗文化和较原生态的生活方式。游牧维吾尔族达里雅布依人的文化生活在各方面因素的影响下具有非常强的民族性及地域特点。从了解他们服饰文化的外在表现和内在特征,更进一步了解他们的生活方式、风俗习惯、伦理道德乃至精神世界。进一步研究达里雅布依人的民族文化,无疑对达里雅布依人整体文化的研究具有很重要的意义。

为了让达里雅布依人的服饰文化在文化人类学和服饰社会学上能为更多的人认识和了解,本书根据相关文献和调查资料,对达里雅布依人的服饰进行初步探讨。笔者试图从民族学角度,结合有关资料,剖析解读我国少数民族服饰文化的丰富内涵,探讨达里雅布依人服饰文化所表现的特点与文化特色,揭示了民俗文化与社会历史条件及自然环境的关系等问题。

一 达里雅布依人服饰概述

达里雅布依人的服饰与于田县其他乡镇的维吾尔族几近相同,男性中老年人多穿黑色长褂,也叫"袷袢"(拼音:qiāpà)长袍,或清一色地穿着土灰色的中山装,冬夏戴黑色高筒羊皮帽或白色单帽。双手习惯性地插于袖筒,对人好奇而有礼。服装显出与当今潮流的巨大差距。

女性喜穿长袍衫,头披白纱或白纱盖脸,只露鼻梁、眼睛,或身

---

① 朱贺琴:《维吾尔族服饰民俗中的文化生态》,《伊犁师范学院学报》2009年第4期,第42页。

图 3-3　新疆和田地区于田县达里雅布依男人服饰（摄影：陈亚强）

图 3-4　新疆和田地区于田县达里雅布依女人头饰（摄影：尚昌平）

着箭服（已婚妇女礼服），箭服衣襟的两侧绣有对称的七条图案，据说，这是古时当地居民遗留下的尚武习俗。长白纱巾顶端载有茶杯口大小的黑色羊皮"太里拜克"小帽，形如扣碗，小巧玲珑。年长的女性多在头上披纱巾，右侧戴一顶"克其克太里拜克"小帽。年轻的女性则喜欢穿颜色艳丽的花布衣裙。①

达里雅布依人的帽饰在服饰中占有极为重要的地位，无论男女老少随时随地都戴着帽子，帽子被认为是"维吾尔族在文化崇尚、经济模式、个性特征、审美心理和风俗习惯等多方面的外在集合体，它早已同维吾尔族的民族形象融为一体，成为本民族鲜明的形象标志"②。

图3-5　新疆和田地区于田县达里雅布依女人头饰（摄影：尚昌平）

---

① 买托合提·居来提：《沙漠绿洲——于田县达里雅布依》，《和田师范专科学校学报》2010年第3期，第31—32页。
② 骆惠珍：《新疆维吾尔族花帽的文化审视》，《新疆社会经济》1998年第3期。

达里雅布依人和维吾尔族一样喜欢戴四楞小花帽,他们做的花帽多用黑白两色丝线绣成或用彩色丝线绣成民族风格图案,还有缀彩色珠片的。未婚姑娘多以长发为美,有些姑娘在结婚前梳十几条长发辫,结婚后一般再改梳成两条长辫,辫梢散开,有的姑娘喜欢将发辫盘系成发结。

图3-6 新疆和田地区于田县达里雅布依男人头饰
(供图:孟凡昌,摄影:张爱东)

达里雅布依女人戴一种叫"克其克太里拜克"的小帽,是世界上最小的帽子,还被计入吉尼斯世界纪录。这种帽子主要用黑羔羊皮和花缎料缝制而成,形如倒扣的小茶碗,呈喇叭状,至于"克其克太里拜克"碗帽的奇特造型,据说原是部落的头饰符号。这种帽子的里层是用手工细密缝起来的羔羊皮,外层是黑羊皮,帽顶是彩色缎料。一般用别针固定在已婚女性白纱巾的右前方,特别引人注目。这种小帽常作为婚丧嫁娶时赠送客人的礼品,后来又成为已婚年长女性的装饰品。在于田县,妇女对这种帽子的戴法有一定的讲究,丧事戴白色的帽顶，喜事戴红色的帽顶，中、壮年妇女戴天蓝色的帽顶。

与女人这种不及拳头大的小帽相比，男人的高筒黑毛帽（高筒帽）可称为庞然大物，当地男人一年四季都喜欢戴这种高筒帽。这种装扮在整个于田县其他乡镇也都很常见，只是民俗方面的研究尚难以说明，这样的服饰究竟是达里雅布依人受了于田县其他乡镇维吾尔人的影响，还是达里雅布依人影响了于田县其他乡镇维吾尔人。

图3-7　达里雅布依男人戴的高筒帽（供图：孟凡昌，摄影：张爱东）

达里雅布依男人穿的袷袢长袍，是维吾尔族民族服装，与清朝的长衫极其相似，只是现代这种民族服饰的面料和质地比过去讲究，样式宽松得体，以舒适为主。外衣多以长过膝为最佳，袖子较宽，对襟钉扣或无扣，袖长过手指，以立领为主，多无口袋，穿戴时外系一条长腰巾，用腰巾束系既紧身连体，又舒服保暖。腰巾同时起到纽扣和衣兜的作用，以便可以携带少许物品。腰巾的长短不等，长的两米多；颜色大多数为黑色、棕色和蓝色等较深颜色。在特殊的日子，比如婚庆、节日时，系的腰巾一般颜色比较鲜艳，有印花绣花的，色彩为红、绿、蓝、黄色，富有的人还在袷袢外再穿长袍。

他们的腰带除了有系绑、装饰衣服的功能外，还有极强的实用性。腰带系好之后，男性外衣的上半身俨然成了他们上街购物装东西的仓库，而腰带则是起到了束围和托撑的作用。他们利用腰带和外衣组成了天然的购物口袋。[1] 20世纪30年代，贡纳尔·雅林在喀什噶尔向当地书商购买书籍时提道，（书籍）"由于长期放在袷袢的宽大腰带里而搞得有点旧了"[2]。

"袷袢"面料的选择多用彩色条状绸布制作，是一种叫"切克曼"的传统式衣料；其次是"拜合散"，这种面料织造细密，质地轻软，是制作"袷袢"最适合的面料。年长的男人上身着装以黑色、深褐色等为主，显得稳重大气，下身多佩穿青色长裤。讲究的男人，在裤脚边饰花卉图案，以植物的枝藤、茎、蔓纹饰为多。

成年男性的衬衣较长，长到膝盖，大多不开胸。妇女、年轻人和小孩的衬衣多数缀花边。宗教人士大多数用白布缠头，维吾尔语称为"赛兰"，外边一般不系腰带，与一般人有明显的区别。

青年男人的夏装多用白色布料缝制而成，其领口、前胸、袖口多装饰花边，这种装饰配上青色裤子和皮靴，极有民族服饰特色。

达里雅布依人的裤子一般为大裆裤，样式简单，包括单裤、夹裤和棉裤三种。用各种布料做成，也有用羊皮做成的。男裤比女裤短，裤角稍微窄一些，多选白色布料。女裤裤角大，裤长到踝骨上，用红、黄、蓝、白、黑色图案装饰。

达里雅布依女性尤其爱穿连衣裙。艾得莱斯绸是当地女性最喜欢的连衣裙绸料。青年女性多穿红、绿、蓝、黄、白相间色的，年长女

---

[1] 凯瑟琳·马噶特尼、戴安娜·西普顿：《外交官夫人回忆录》，王卫平、崔彦虎译，新疆青少年出版社2008年版，第57—57页。

[2] 贡纳尔·雅林：《重返喀什噶尔》，崔彦虎、郭颖杰译，新疆人民出版社1994年版，第87页。

性喜欢穿的颜色有黑色、白色、蓝色和绿色，连衣裙外还要穿外衣或坎肩，年轻女性喜欢穿的颜色是红色、绿色、紫色等比较鲜艳的颜色，年长女性喜欢穿的颜色有黑色、蓝色和墨绿色等比较深沉的颜色。

也许是因为受沙漠腹地环境的影响，达里雅布依人无论是男女老少，平时均赤脚（或许是一种疗效很好的沙疗长寿保健方式），访友或集会时穿长筒皮靴。皮靴外加胶质套鞋，其鞋套的作用主要是对长筒靴的保护。

二 达里雅布依人服饰特点

（一）达里雅布依女性的"克其克太里拜克"（小帽）

清代诗人萧雄有形容"克其克太里拜克"小帽特征的诗句："高冠似瓯覆还空，小帽如瓿绣并工。"其实，"克其克太里拜克"小帽的形制要比商代的酒器——瓿小得多，诗人萧雄用瓿做比喻则比较形象地描绘了她们戴帽的习俗。①

这种"克其克太里拜克"，传说很久以前，于阗王灭了邻近的小国，将王国的太子之妻阿米娜俘掳回来。阿米娜美貌动人、心灵手巧，她用黑色羊羔皮缝了五个精巧美观的小帽献给王后。王后看了非常喜欢，说戴上这种帽子显得年轻多了。阿米娜从此得到王后的宠爱。②后来这种帽子又从宫中流传到民间，深受中老年妇女喜爱。还有一种说法是，在叶尔羌汗首府举行大规模的盛会，通知所有属地头人带上当地最精美的新产品，汇集一起展览，于田人把这种妇女戴的精制小帽进行展览，深受国王的喜爱，得到奖励，于是就把这种小帽流传下来。第三种说法是道教盛行时，人们为了避免绾发髻而戴这样的帽子。

（二）达里雅布依女性的箭服

达里雅布依女性喜欢穿的"箭服"（已婚妇女的礼服），是一种

---

① 于阗箭服的魅力：http://www.kaixian.tv/gd/2014/0509/4995961.html，2014年5月9日。

② 同上。

敞开式长"袷袢",是维吾尔族流传下来的传统服饰,由前襟、后襟、袖子和沿边组成,一般都用黑色绸缎缝制,无单独的衣领,达里雅布依女性穿上后显得神秘、典雅而高贵。

图3-8 新疆和田地区于田县达里雅布依女性喜欢穿的"箭服"
(摄影:尚昌平)

有专家认为这种服饰是受到萨满教的影响,也有研究专家发现在伊斯兰教的壁画上有这种服饰。在一些挖掘出的古墓陪葬品中也发现类似的服装样式,比现在的服饰鲜艳。

关于箭服起源的另一种说法是维吾尔族人对鹰的崇拜。有专家学者从箭服前面两侧的装饰尖条纹图案推测,是因为这种图形看上去极其像老鹰展开的翅膀,再加上古代维吾尔人喜欢崇拜鹰,所以在胸前绣了鹰饰图案,后来演变成弧形。

还有一种说法是这种特有式样的服装是古代打仗、狩猎时穿的一种衣服,是古代游牧民族的服装,宽大的下摆是为了方便骑马,胸前两侧带尖头的7条蓝色缀饰的设计,是猎人用来插箭矢的箭袋,所以

第三章 达里雅布依人物质文化

图3-9 新疆和田地区于田县达里雅布依女性喜欢穿的"箭服"
（摄影：尚昌平）

叫"箭服"[①]。至于是从哪个年代开始盛行，蕴含着什么文化信息，至今还是一个未解之谜。

1. 箭服的习俗

穿箭服意味女子步入幸福，箭服只能是已婚并且生了小孩的妇女

---

① 刘金莲：《新疆维吾尔族传统服饰的符号象征》，新疆师范大学，硕士学位论文，2009年。

才能穿。在穿之前要举行一种叫"居宛托依"（"居宛"意为少妇，"托依"是指为少妇举行的成年礼）的礼仪。在"居宛托依"仪式上，母亲一般需要将准备好的一套"箭服"交给女儿。她们认为，女人只有结婚并生了孩子才算是一个完整、幸福的女人。她们还认为没有结婚的女人一般不能穿"箭服"，否则，会招来不幸。

2. "外7里9"的吉祥

穿箭服有一定的讲究，在外面穿箭服的同时，里面配套的衣服通常是白色上衣，合领半开套头式的，领口右侧依次排列9条呈扇面形，绣有宽条形图案，圆领口，底口绣有羊角纹和碎花纹。领子中部有两条相同颜色的带子，领口花一般是深紫红色。内衣与外面的箭服形成"外7里9"吉祥、幸福的数字。

在《维吾尔族"箭服"探析》一文里，关于"箭服"上的"七"和"九"有如下的说法：

关于"七"，世界性的"七崇拜"。"七崇拜"普遍存在于东亚、中亚、西亚、东非和地中海地区等地域文化中。数字"七"在亚欧大陆各民族中具有神秘意义早已为世界所熟知。学者们对于犹太教、基督教、佛教和伊斯兰教中广泛存在的"七崇拜"有颇多的研究心得，更是将"七崇拜"的起源追溯到了西伯来人的早期文明和古巴比伦王国时期闪米特人的"七星崇拜"。在中亚游牧民族的文化中，"七"关联着前世今生。它不仅代表血脉和传承，还代表了完美、吉祥和幸福。中国古人对"七"的崇拜也很多，认为"七夕"就源于古人对数字和时间的崇拜。至于诗歌中的"七言""七律""七绝"等更是人尽皆知。从很早开始，数字"七"就已经渗透到世界各民族的区域文化和生活的方方面面。目前已知至少有三处发现于新疆境内具有代表性的史前文化遗迹与"七"有关。按照时间顺序分别是罗布泊附近的太阳墓地，遗址中围绕墓室的地表有七重圆形树桩构型；小河墓地（距今4000—3500年）有许多出土文物与"七"关联；天山北部木垒县境内的"13连墩"遗址（距今约2500年）。巫新华认为"这很可能是一处世界上最早崇拜数字

'七'的文化遗址。"① 维吾尔族先民回鹘人曾经长期逐水草而居，万物有灵的原始信仰对其产生了深厚影响。"七重天"的天神观以及与族源传说相关的树木崇拜（栽七棵树的人会进入天堂）作为一种文化现象延续绵长。②

数字"九"。维吾尔民间保留着崇拜"九"为神圣数字的习俗，他们以天为九层，维吾尔族对"九"的崇拜有各种具体形象的表述，如"九个方面都齐了"表示完备、安全；"九个蓓蕾一个都没有开"表示没有成熟；"九个女人的产期同时到来"表示各种麻烦一起出现；"给带来福运的田地做九次"表示知恩必报；"本人三十，真主赐于九"表示付出就会有收获等。吐鲁番地区的维吾尔族民间还有"过九九"的婚礼仪式。仪式上，新郎拜见新娘的亲属前需要由他的朋友准备九种水果放在亲属面前。由此可以看出，"九"是维吾尔族民间具有萨满特征的神圣数字之一。古代维吾尔族的信仰中"九"代表着"三界""四行""两个祖先神灵"的集合体。这也就不难理解"九"为什么是维吾尔族民间的神圣数字了。③

（三）达里雅布依人服饰的游牧民族性

服饰的民族性是民族文化的重要组成部分和区别于其他民族的外部特征之一，也是服饰作为文化现象的主要特征之一。自服饰产生以来，它就被各族人民创造和应用，并视为文化传统加以传承，世界上的每个民族，都具有自己民族特色的服饰文化。中国是一个多民族国家，每个民族的服饰习俗都与他们的生产、生活、性格特征、审美爱好和居住环境等有着密切的联系。民族服饰能鲜明地反映出一个民族区别于另一个民族的显著特点；人们也是从不同的民族服饰上去辨认其民族属性的，服饰成为各民族显而易见的标识。④

达里雅布依人有佩带刀的习俗，也是在生产劳动和实际生活中逐

---

① 巫新华：《新疆首次发现"七"崇拜文化遗址》，《新疆之窗》2016年5月5日。
② 刘方方：《维吾尔族"箭服"探析》，《人间》2016年第31期。
③ 同上。
④ 曾艳红：《服饰——文化的一种载体及传播媒介》，《丝绸》2013年第1期，第57—62页。

渐演变而来。考古学者在新疆木垒四道沟遗址、阿拉沟、鱼儿沟古墓葬、巴里坤南湾遗址发现许多小铜刀。刀对于游牧人来说，既可以宰杀牲畜，切割兽皮，漂亮的刀具也可用来作为装饰。达里雅布依人至今仍有佩挂刀具的习尚。①

服饰与文化的发展紧密相关，不同的服饰形式反映出不同的民族文化，因此服饰可以作为辨别一个民族的重要标志，同时也在一定程度上维系着一个民族的认同。服饰作为一种重要的象征标志，彰显其民族特色，体现出其民族传统的外在物质文化与内在民族审美心理的统一，传统的民族服饰通常发挥着重要作用。

三 达里雅布依人服饰文化内涵

"衣、食、住、行"这是从古到今人类生存繁衍不可缺少的物质基础。衣，即服饰列于首位，足见其重要性。尤其是古代，由于社会生产力低下，自然环境恶劣，人们无法抵御风沙雨雪等自然灾害的袭击，只有依凭服装御寒驱冷。因此，服装作为人类社会的产物，一直具备实用和装饰两大基本功能。若二者相比，前者似乎更显重要。②

服装的不同特色不仅能反映出各民族生活环境、地理气候、经济活动的不同，而且能体现出各民族区别于其他民族的性格气质、心理特征、宗教信仰乃至自然观、世界观。语言不仅是语意的代码，而且是文化的代码。维吾尔族有其独特的民族服饰，维吾尔熟语（常用话语）反映维吾尔族服饰文化，维吾尔熟语很丰富，分析这些熟语，我们可以了解到维吾尔族服饰文化的外在表现和内在特征，从而加深我们对其风俗习惯、生活方式乃至伦理道德、精神世界的了解。③ 也可以使我们从中总结出服饰中的文化内涵。达里雅布依人作为维吾尔族人的一部分，其服饰文化也具有相通性。

---

① 尚衍斌:《维吾尔族服饰形成及其特征的历史考察》,《喀什师范学院》（哲学社会科学版）1994 年第 1 期，第 31 页。
② 同上书，第 31—37 页。
③ 王德怀:《从维吾尔熟语看维吾尔族的服饰文化及其文化质点》,《语言与翻译》1998 年第 1 期，第 74—77 页。

1. 达里雅布依人服饰文化的生态文化内涵

中国少数民族传统服饰是各少数民族在特定的自然环境中逐步形成的，具有地域特征、文化品格以及审美情趣和宗教色彩。根据自己所处的自然地域空间、气候条件、水文状况等环境的不同，对服饰的实用功能的选择和要求自然也就不同；环境决定着服饰的实用性，潜移默化地影响着服饰特点的形成与发展。

不同的地理环境和自然条件为不同服饰类型的最初形成奠定了客观的物质基础。这一过程主要是通过不同地理环境的经济文化类型而发生作用的。所谓经济文化类型是指居住在相似的生态环境下，操持相同生活方式的各民族在历史上形成的具有共同经济和文化类型的综合体。[1]

从自然与生态环境来看，达里雅布依人生存于塔克拉玛干沙漠腹地，是一个相对封闭的地理单元。这里的气候属于典型的温带大陆性干旱气候，光照时间长，降水量极少，昼夜温差大，空气干爽，所以服饰功能主要保温性能好、四季皆宜为特点的"袷袢"式长袍服装一直是他们的首要选择。这也是他们传统服饰文化得以传承和延续的基础。

属于游牧经济文化类型的达里雅布依人生活在新疆南部和田地区于田县达里雅布依乡，这里气候干燥，昼夜温差大，冬季漫长，生活条件和自然地理环境更为恶劣，他们要战胜干旱、荒漠和寒冷，其服饰势必要防风沙，御寒冷，易穿易脱，方便日常生活需要，所以他们多用毡帽、毡筒、毡靴以及皮衣和披风。

2. 达里雅布依人服饰文化中的自然和谐观念

自从人类有了美的认识，自然界的万物就成为人们寻找和创造美的源泉。植物是人们生活中随处可见的视觉对象，它们的枝叶藤蔓、花朵果实是人类创造美的最初母题，也是人类艺术创作活动中历久弥新的永恒主题。[2]

---

[1] 胡敬萍：《中国少数民族的服饰文化》，《民族历史与文化研究》2001年第1期，第62—68页。

[2] 饶蕾：《维吾尔族服饰文化探究》，《南宁技术学院学报》2010年第4期，第16—19页。

达里雅布依人居住的沙漠绿洲和草原游牧环境，促使绿色植物所代表的生命意义受到格外的关注。在日常生产、生活中，他们积极适应环境，尽力与自然和谐相处，形成了特有的民族精神和性格特征。花卉、植物等被运用并延及服饰、地毯、拜垫、金银器、书籍乃至一切生活用品中，让人感受到一种独特的魅力。这些装饰纹样是他们对大自然中的各种物象赋予艺术的提炼和概括，是自然物象赋予的灵感，是他们劳动智慧的表现和结晶。

由于特殊的自然环境和游牧生活，达里雅布依人服饰表现为"袖宽袍长"，如他们的"袷袢"，宽松肥大，不求突出形体特征，形成了无结构自然形式，与他们生存的历史背景、"沙漠腹地"的自然环境条件及习惯习俗等诸多因素形成的穿着理念、审美情趣等都有关。这种无结构自然造型，通过掩饰人体的原型，以其占有宽阔空间，模糊了人与自然的界限。

3. 达里雅布依人服饰文化的宗教文化内涵

宗教是人类社会发展到一定阶段的信仰文化。服饰的物化形式及象征意义，在人们的宗教信仰上有着重要的影响。宗教信仰对服饰的影响和制约作用，在游牧维吾尔族达里雅布依人服饰中同样突出。

伊斯兰文化深刻影响着达里雅布依人的生活方式、行为准则和思想观念。宗教作为一种特殊的文化，对大多数民族产生了不可估量的影响，特别是在全民信教的民族中，宗教文化自然而然会在他们的服饰上有所体现。[1]

达里雅布依人与其他维吾尔族一样，他们曾信仰萨满教、佛教和伊斯兰教等多种宗教，而伊斯兰教的影响渗透于他们生活的各个方面。他们的服饰文化也一定会折射出伊斯兰宗教文化的精神内涵，在不同程度上留有宗教信仰的痕迹，表现出伊斯兰宗教文化的含义。[2]

伊斯兰教明确规定身体不该裸露的部位叫"羞体"，应该遮蔽。

---

[1] 梁莉莉:《中国穆斯林服饰文化》,《中国宗教》2005年第3期,第36—38页。
[2] 刘云:《解读新疆维吾尔族服饰文化中的宗教信仰涵义》,《西北民族研究》2003年第2期,第140—146页。

女性出外必须戴面纱或头巾，面纱或头巾规格大小要蒙至腰部。一般从十多岁开始一直到五六十岁。伊斯兰教认为女性除了双手、双脚以及面部外，其余部分必须遮住，不能随意显露。这种禁忌一直影响着达里雅布依人的穿戴习惯。伊斯兰教礼仪认为，在室外，头部不加任何遮盖，是对老天的一种亵渎。所以达里雅布依人恪守伊斯兰教教义，男性穿长至膝盖的"袷袢"，戴帽；女性穿着长至脚踝的衬衫式长裙，戴头巾、帽子等。她们蒙面纱、不露身体，各色头巾成为维吾尔族女性最主要的头饰，依然传承着伊斯兰教教义中对上天敬仰的宗教寓意。参加葬礼等庄严仪式或者重要的喜庆活动时，如果不戴帽子，就是对主人的不礼貌、不尊重。同时，由于伊斯兰教禁止偶像崇拜，因此维吾尔族流行的花帽以及维吾尔族自创的布料艾德莱斯绸，都是以花朵、树木的变形体为图案。

伊斯兰教的经典《古兰经》，对服饰的样式、颜色、面料乃至配饰提出明确的要求，认为人的服饰衣装是真主创造的，人们穿戴的各种服饰体现真主对人类的关怀，有谁违背真主的旨意，谁就走上了恶魔的道路。达里雅布依人在礼拜叩头时，前额和鼻尖必须着地，为方便礼拜，戴无檐小帽便成了服饰习俗。女性通常会戴头巾，是一种传统的遮面护发的头巾，用头巾盖住头发、耳朵和脖子，只露出脸颊。女性的头巾除了宗教功能外，也为了适应沙漠腹地风沙较多的气候特征和生活环境。[①]

男子通常会戴白色、黑色和花色六角帽，女式的头巾通常是白色和黑色，在服饰颜色的选择上也反映了伊斯兰文化中对颜色的选择。在伊斯兰教中，服饰有时是为宗教服务的，特别是女性的服饰，在款式上要求遮盖女性的身体，女性服饰的样式大多宽松，力求遮盖体形，头部也要用头巾包裹起来，体现她们虔诚的宗教信仰和对宗教文化的理解。从达里雅布依人的服饰中，我们明显感受到宗教文化对维吾尔族服饰的影响和浸透。

---

① 王宏付、许莉莉：《西南西北少数民族传统服饰文化的差异剖析》，《装饰》2007年第10期，第111—114页。

4. 达里雅布依人服饰文化的地域特征

任何民族服饰的形成和演变都离不开该民族所处的独特的地域特点，民族服装的形成取决于他们所生活的自然环境，形成了民族服装的地域特色。服饰都是某种人群在特定生存环境及生存条件下的选择与展现。

达里雅布依人所生活的"沙漠腹地"由沙漠和绿洲组成。他们进行着半游牧半定居的生活，游牧生活是历史和现实的传承，他们的服饰中一个重要的特征就是应对变幻莫测的气候条件。迁徙游牧的生活方式，赖以生存的畜牧生产，利用身边的动物皮毛制作衣物，成为达里雅布依人适应恶劣自然环境和多变气候条件的必然选择。由于沙漠中的绿洲昼夜温差大，气候干燥，雨水极少，风沙肆虐。服装自然是"早穿皮袄午穿纱"的搭配，形成独特的风格。具有鲜明的民族特色和浓郁的大漠情怀。

达里雅布依人以畜牧为生计，因此食肉、喝奶、穿用皮毛制品便构成了他们鲜明的生活习惯和文化特征。他们穿的袷袢、帽类、靴类、配饰及发式等这些从古到今依然存在的服饰，已经历了数百年的历程，并成为他们服饰文化的精粹，成为一种规范，也是他们日常生活和生产过程中不可分割的部分。即使受到现代服饰潮流的强烈影响，他们仍然保持着这些穿戴习俗，这是他们对民族归属感和身份符号的坚定守护和选择。

达里雅布依人生活的地域，处于古代丝绸之路交通要道，是中原文化和中亚文化交汇的地方。在向外传播文化的同时，也吸收着外来文化。我们不难发现，当地许多东西并非该民族、该地区所特有的，是一种传承与发展的融合。

通过他们的服饰文化，我们不仅可以对其民族做出大致判断，而且能在一定程度上感受到不同地域，不同民族的性格与文化品格。因此，民族服饰与他们的地域环境以及民族性格有着一定的关系。

通过对达里雅布依人服饰文化的解读，我们可以看到服饰已不仅是生活的必需品，它与自然界中的其他生命元素具有同等的地位。少数民族服饰文化是中华民族历史文化不可或缺的部分，是少数民族集体智慧的结晶,反映了少数民族的历史、经济、文化、生活、民族特性等诸多方面的综合反映,极具研究价值。加大对少数民族服饰文化内涵的研究,开发出更多的少数民族服饰文化资源,将其发扬光大,并做好保护与弘扬工作,使少数民族服饰文化能够得到有效传承,使中华民族世世代代都能够感受到少数民族服饰文化的巨大魅力和文化熏陶。沙漠腹地独特的自然环境,使达里雅布依人的服饰文化呈现浓郁的原生态特色,他们的服饰文化自然值得我们更进一步研究。①

第五节 达里雅布依人饮食文化

饮食作为人类生存最基本的物质基础,伴随着人类的发展逐渐形成特有的文化。饮食是人类从事一切社会活动的基础和前提条件,人类的饮食活动又体现出一定的物质内容和精神需求。因此,饮食作为一种文化现象,我们认为它是人类为了生存和提高生活质量,在长期的饮食历史实践中,人们创造和积累了丰富的物质财富和精神财富。②

饮食文化是人类文化的重要组成部分,它是人类各个群体对自然食物分配方式的不同所引起的文化现象的总和,它是一种历史现象,也是一定政治、经济、技术的反映,透视着民族文明进化的历程。一个民族的饮食方式和饮食风尚,以及饮食文化的发展水平,直接反映了该民族的饮食状况、文化素养和创造才能,反映着该民族利用自然、开发自然的成就和民族特点。③

达里雅布依人是生活在我国新疆南部和田地区于田县达里雅布依乡的游牧维吾尔族人。数百年来,达里雅布依人过着"逐水草而迁徙"的牧放生活,他们与生活在南疆其他乡镇主要从事农业活动的维

---

① 潘洋:《少数民族服饰文化的内涵阐释及保护》,《贵州民族研究》2016年第11期,第111页。
② 朱基富:《浅谈饮食文化的民族性与涵摄性》,《吉林商业高等专科学校学报》2005年第4期,第61页。
③ 沙拉古丽·达吾来提拜:《哈萨克族牧民定居与饮食文化的变迁》,《中国穆斯林》2009年第4期,第20—22页。

吾尔族有所不同。至今，在日常生活、习俗等方面，仍然保持着维吾尔族古老传统的牧放生活方式，目前他们依然属于半游牧半定居的生活模式。由于地处偏隅和恶劣的地理环境、沙漠的阻隔、交通工具的落后，他们一直过着与世隔绝的生活。也正因为如此，他们保持了古朴的民风民俗和独特的原生态生活方式和饮食文化。研究达里雅布依人的饮食文化，无疑对达里雅布依人整体文化的研究具有很重要的历史和现实意义。

沙漠腹地独特的自然环境，使达里雅布依人的饮食文化呈现浓郁的原生态特征，并保存着丰富的古老文化因子。浓郁的原生态特色和丰富的古老文化因子，使达里雅布依人的食风食俗以粗放淳朴的形式体现出来。在经济全球化和进行西部大开发的今天，许多原生态文化受到了强烈的冲击，有的有所改变，有的荡然无存。在这种时代大背景下，达里雅布依人原生态特色浓郁的饮食文化自然具有很高的研究价值。

经过实地调研，我们也看到达里雅布依人在历史发展的过程中逐渐形成了自身特有的思维方式和生活方式，其饮食活动也与这些现实条件息息相关。他们的饮食文化也是这个特殊群体区域文化的历史传承与现代文化的融合。

达里雅布依人是一个拥有悠久历史和丰富民族文化传统的特殊群体，由于特殊的生存环境、特定的民族发展历程以及民族宗教信仰等的影响，他们的饮食文化独具特色。本书通过达里雅布依人具有民族性、地域性的饮食习俗，分析和认识他们在特定历史条件、特殊生存环境和特色民族文化背景下形成的独具特色的饮食文化。

同时，我们也可以看到现在生活在于田县沙漠腹地从事牧放的达里雅布依人，他们把游牧生活方式带入沙漠深处，并能繁衍生息至今，在这数百年的历史长河中，他们在沙漠腹地这种特殊的自然环境下，创造出独特的饮食文化，证明了人类社会依赖自然环境生存的可能性和创造性，物质文明与精神文明的相对性。

第三章　达里雅布依人物质文化

一　达里雅布依人饮食文化概说

游牧维吾尔族达里雅布依人的饮食文化由于受到所处的自然环境和地域的限制，从而形成了其独具特色的饮食习惯和民族特性，具有浓厚的地域生态性、礼仪性、民族性和宗教性。他们的饮食较其他维吾尔族的饮食要简单得多。主要方式是沙烤，食物以面食为主，喜食肉类和乳类，水果蔬菜极其稀少。

图3-10　达里雅布依人饮食——沙烤大饼（摄影：尚昌平）

在这里除了皮芽子（洋葱）、恰麻菇、胡萝卜、大葱、大蒜这些根茎类的蔬菜，其他的蔬菜都是难以获得的，大米和面粉需要从县城运来。最主要的食物就是"库麦其"（类似于维吾尔族带馅儿的馕），肉食主要是羊肉。他们对羊肉的吃法有四种：第一种为沙烤全羊；第二种为用红柳枝穿羊肉烤熟即食；第三种为羊油包羊肝，用羊花油裹上羊肝子烤熟即食，肉质鲜嫩、风味独特；第四种是水煮羊肉。此外还有抓饭、汤饭等。吃饭时一家大小围坐一起，共同进餐。在离席前，由长者带头做"杜阿"（杜阿是阿拉伯语音译，其意为"祈祷"）。多数时候早餐吃馕饼、"乌麻齐"（玉米面粥），喝茶；午餐以库麦其为主，晚餐多数吃汤饭（一种面食）。

达里雅布依乡每户人家都有常年不灭的火膛，做饭用的"炉灶"也很独特。在屋内的平地上挖一个低于地面的方坑作为火膛，火膛里永远有一堆沙，要把坑内的细沙烧得炙热并用来烘烤各种饭食。茶是药茶，取自维吾尔草药，但夏季和冬季各有不同的配方，用以祛病健体。有贵客时，达里雅布依人便宰羊款待。

游牧维吾尔族达里雅布依人的烧烤与其他维吾尔族的烧烤不同，他们主要是用沙土烤制，而其他维吾尔族的烧烤一般都在馕坑里烤制。游牧维吾尔族达里雅布依人的特有饮食主要包括他们独创的库麦其、羊肚子烤肉和沙烤全羊以及与维吾尔族饮食大致相同的抓饭、药茶、热汤饭等。

图3-11 达里雅布依人一家人简单的早餐
（供图：孟凡昌，摄影：张爱东）

第三章 达里雅布依人物质文化

图 3-12 达里雅布依人沙坑炉灶（摄影：王宗礼）

图 3-13 达里雅布依人土灶台（供图：孟凡昌，摄影：张爱东）

库麦其:是达里雅布依人的主食。简单地说,库麦其是用热沙烤熟的大饼。库麦其有一种独特的香味,是一种营养价值极高的食品。库麦其是按其原料的不同分为白面库麦其和玉米面库麦其,按其有馅儿和无馅儿分为带馅儿库麦其和无馅儿库麦其。①

图 3-14　达里雅布依人库麦其的烤制——将捏合准备烘烤的
库麦其埋进炽热的沙土里(摄影:王宗礼)

女人们就在铺满黄沙的火膛边用胡杨枝烧水、取暖,将发酵的面团搓揉成大饼,再将烧过的胡杨残枝拨开,把面饼埋在滚烫的黄沙里。大约半小时后扒开黄沙,一个焦黄的"库麦其"就做好了,拍去沾在上面的黄沙就可以分食了。开饭时,一家人跪坐在火膛边,由家庭的男性长者将"库麦其"用小刀分为小块,按长幼顺序依次发放。

他们做的较多一种库麦其是用羊肉和洋葱做馅儿的白面有馅儿的

---

① 阿秀:《探秘"沙漠中的原始村落"——达里雅博依(大河沿)》,http://www.mafengwo.cn/i/678050.html。

第三章 达里雅布依人物质文化

图 3-15 达里雅布依人库麦其的烤制（供图：孟凡昌，摄影：尚昌平）

图 3-16 达里雅布依人烤制的库麦其（摄影：王小霞）

库麦其，其制作方法尤为奇特：先和好面，将面和水均匀地揉在一起，再用拳头将面团捣压成一块面饼，厚约半指，然后放上调制好的馅儿，达里雅布依人做库麦其的馅儿主要是用羊肉丁和洋葱（当地人叫"皮牙子"）加入简单的佐料调制而成，再用一块面饼盖住，边缘用手捏合起来，呈圆形或半圆形的3—4厘米厚的面饼，将面饼摊在烧烫的热沙上，再盖一层热沙，然后再进入火膛用炙热的沙烤。根据库麦其的大小和薄厚决定烘烤时间，一般直径为50厘米，厚度2厘米，烘烤时间约40分钟，面饼与炭灰之间没有任何东西相隔，但饼熟后拍一拍，一点灰土也没有，拍去沾在上面炙热的细沙就可以分食了。取来小刀，如宰杀牲畜一般，在上面切一个小口，用碗在下面接

图3-17 达里雅布依人分吃库麦其（摄影：孟凡昌）

住肉汤,一般会接满两茶碗。人少做小饼,人多做大饼,来客最多时,烤出的饼甚至大如一张圆盘。①

库麦其的味道很好,里面的羊肉又嫩又香,而且羊肉的香味还有油汤都渗到馕里去了,滋味特别,肉香醇厚,非常可口。

达里雅布依的黄沙是最纯净的黄沙,不管这些黄沙沾在哪里,轻轻一吹或稍稍一抖,一点残渣都不会留下。不像城市里那种混合了油脂、烟尘、酸性或碱性物的沙尘,难以清除。

羊肚子烤肉:在沙漠里极缺炊具,天生天养的达里雅布依人发明了自己的美食"羊肚子烤肉",这是达里雅布依特有的美食。做法是将刚宰杀的羊肉切成小块,蘸上孜然等调料放进洗净的羊肚中,在沙漠中点一大堆火,等烧成炭火后,把装好肉的羊肚埋在炭火里,两小时左右就可以吃了。他们先在沙丘上挖沙生火,待沙子烧得发红,开始宰羊。主刀熟练地剥下羊皮,将羊的肚子掏空,取出羊胃清理干净,再将羊肉切碎,拌上香料后装入翻转过来的肚子——将肚子的外表当成内胆,包起来埋入已被胡杨炭火烧成朱红色的沙坑。两三个小时后,挖沙开胃,可倒出满满三大碗浓汤,一大盘香喷喷的烤羊肉就做好了。它类同于"库麦其"的烤制方法,只不过时间更长。在达里雅布依乡,只有库尔班承传了这个先辈的传统,他为此引以为豪。②

可以想象只有在沙漠中生活的人才能创造出来,整个"烹饪"过程不需要一滴水,放入香料也许是库尔班对传统手艺的改进。毕竟他也并没见过古人的羊肚子烤肉。克里雅人原本或应以食肉为主,至今这里没有大片的耕地,很少有人习惯吃蔬菜。除了皮芽子(洋葱)、恰麻菇、胡萝卜、大葱、大蒜这些易存储的根茎类蔬菜,其他的蔬菜几乎没有,这也可以说是一方水土养一方人,自然环境的影响,他们的身体也最喜欢接受那些最容易存储的根茎类的蔬菜。③

---

① 张鸿墀:《达里雅布依:胡杨林里的悄然隐者》,《新疆人文地理》2009 年第 3 期,第 35—45 页。
② 王铁男:《沙漠中的达里雅布依人》,《百科知识》2007 年第 17 期,第 48—50 页。
③ 明西:《穿越沙漠之心的流浪者》,《西南航空》2010 年第 4 期,第 28—40 页。

图 3-18　达里雅布依人烤熟的羊肚子烤肉（摄影：王宗礼）

抓饭：维吾尔语称"波罗"，是游牧维吾尔族达里雅布依人喜爱吃的主食，也是维吾尔族人喜爱吃的主食，因为营养丰富而有滋补功效，被当地人誉为"男人的翅膀"。食用抓饭时，先洗净手后，用手抓而食之，故称"抓饭"。在达里雅布依，蔬菜和水果对他们来说太过于稀少，做抓饭用的原料较简单，做抓饭时，一般以大米、羊肉、胡萝卜、皮牙子（洋葱）、清油为原料，混合在一起焖制而成。它油亮生辉，香味扑鼻，十分诱人。抓饭是他们用来接待客人的上好食品，也是主要饭食，婚丧嫁娶常用抓饭招待宾客。

第三章　达里雅布依人物质文化

图 3-19　达里雅布依人的手抓饭（摄影：王宗礼）

药茶：游牧维吾尔族达里雅布依人和于田县城维吾尔族人的茶俗一样，有着悠久的历史，可以说"宁可一日无食，不可一日无茶"，药茶是他们常饮的传统饮料。药茶可提神开胃，所用的茶叶主要是茯茶，配上一些中草药，把中药研成粉末，将茯茶和中药粉末用沸水冲泡后即可饮用。1升开水一般3—5克中草药。药茶中的药物多用增加身体热量的滋补和开胃一类的中草药，如胡椒、姜皮、桂皮、孜然、比薄、甘草、丁香、枸杞、大芸等。各种药茶，有各种功能和功效。这些药物与茯茶的使用又因季节的热、冷、润、燥而有所不同。比如冬春冷润，多用生热之药，夏秋干热，多用滋润凉爽之药。一些讲究的人，会因人、因食而饮用的药茶也不同。他们特别喜欢饮茶，尤其是维吾尔保健药茶。无论你什么时候去家里坐坐，都可以喝上滚烫的药茶；只要你去家里做客，家家都有药茶来招待。[1]

---

[1] 唐异常、热孜古丽：《药茶——和田维吾尔人民的饮茶习俗》，《茶叶通讯》1993年第1期，第64页。

沙烤全羊：游牧维吾尔族达里雅布依人做烤全羊与于田县城维吾尔族的烤全羊不一样。于田县城维吾尔族的烤全羊的主要做法是将两岁左右的壮肥羊宰后，用鸡蛋、姜黄、孜然和少许面粉制成佐料，涂在全羊表面，将全羊架好放入馕坑，盖上坑盖进行烘烤。1个多小时就可以烤熟，是他们待客的佳品。于田县维吾尔族的烤全羊主要是用木炭烤全羊，而游牧维吾尔族达里雅布依人是用红柳枝或胡杨枝烤全羊。

水煮羊肉：在达里雅布依，羊吃的是盐碱地的草，喝的是带咸味的水，煮肉时只用清水烧煮，出锅前半小时再需加一些洋葱、恰麻菇和胡萝卜，也不需要放各种调料，有些人也放一些土盐水。直接把宰好的羊肉放入水中烧煮，一会儿就满屋飘香。1个多小时就可以吃到鲜嫩的水煮羊肉，喝上热气腾腾的羊汤。

图3-20 达里雅布依人饮食——拉面（供图：孟凡昌，摄影：张爱东）

热汤饭：在达里雅布依，他们这样做热汤饭，锅放在架子上，摊开一块布垫就是案板，擀好面扯成面片下到锅里，羊肉和面的香味升腾上来。这是他们民族的习惯，奔波放羊的人一天赶路回来，家里人一定要做一锅热汤饭，连汤带面热热地吃下去，会舒坦很多，劳累尽去。

手抓肉：是将新鲜的羊肉放在锅里加入清水，煮沸后去沫，加入盐、洋葱、大蒜等调料。因为"沙漠腹地"羊的特殊生长环境，做出的肉和汤的味道自然鲜美，也是最好的滋补佳品，一般在过节和贵客上门时用来招待客人。

羊杂碎汤：是达里雅布依人在"沙漠腹地"特定环境下最简单、最原始的吃法之一，把清理干净的羊心、肺、肚、肠等羊杂放在锅里煮制而成，做法简单，味道独特。如同他们清炖羊头、羊肚、羊蹄一样，做法十分简单，把清理干净的羊头、羊肚、羊蹄放在锅里煮熟后即可食用，味道清醇可口。

二 达里雅布依人饮食特点

达里雅布依人生活于"沙漠腹地"，他们不仅能生存，富有活力，而且还高寿，其原因何在？有医学家经过调研，仔细研究之后认为：除了与他们的食物简单和从事的劳动不繁重有关外，还有就是人们热爱生活，在任何环境下都能做到随遇而安，保持愉悦快乐的心情。最主要的是达里雅布依人每天都离不开大量饮茶，他们最爱喝浓香的"奶茶"。

"奶茶"也是新疆维吾尔族人日常生活中不可缺少的饮品。他们有谚语说："宁可一日无食，不可一日无茶"，"无茶则病"。可见茶对他们来说是多么重要！据史料记载，旧时，封建统治者常兼营茶商，抬高茶价，用砖茶去同牧民交换牛、羊、马及畜产品，还专设机构管理此事，对牧民敲诈、盘剥。中华人民共和国成立后，人民政府克服运输等困难，以优惠价格，为少数民族供应大量砖茶、茶叶，包括塔克拉玛干沙漠腹地的达里雅布依人，都能得到价廉物美的砖茶。[①]

---

① 汪从元：《达里雅布依乡维吾尔人爱饮茶》，《农业考古》1998年第2期，第89—90页。

达里雅布依人爱喝茶的原因应该显而易见。一是他们在牧区拥有的主要财产就是羊群，平时吃食以羊肉居多，蔬菜极少，甚至没有，所以需要大量的奶茶或砖茶来帮助消化。二是沙漠腹地气候的原因，经常是"早穿皮袄午穿纱"，冬季寒冷，夏季酷热气温高，他们冬季饮茶可以迅速驱寒，夏季可以驱暑解渴。三是在沙漠腹地人口极其稀少，每户人家之间距离好几公里，几十、甚至上百公里，外出放牧或办事，主要依靠徒步，运动量比较大，一旦口渴需要喝水时，很难找到水喝，一般出门都会途中带些干粮和茶以防口渴。

三 达里雅布依人饮食文化内涵

（一）达里雅布依人饮食文化与沙漠生态环境关系

达里雅布依人数百年来一直生活在沙漠腹地，过着半游牧半定居的生活。他们在适应和改造环境的同时，保持了原有传统礼仪文化的内涵，并在新的环境下创造出属于自己的民族文化。创新出自己独具特色的一系列沙烤饮食："库麦其""羊肚子烤肉""沙烤全羊"等更具地域特色。

达里雅布依人生活在被称为"死亡之海"的新疆塔克拉玛干沙漠腹地，分布于200多公里的克里雅河畔两岸，沿河而居。克里雅河局部已经湮没在塔克拉玛干沙海之中。"沙漠腹地"的意思是沙漠的深处中央，一般来说是沙漠里条件最恶劣的地方。塔克拉玛干沙漠被称为"死亡之海"，维吾尔语意思是："进去出不来。"

达里雅布依乡地广人稀，沙漠瀚海，这里气候十分干燥，风沙频繁，地下水虽然丰富，但矿化度较高，含氟量严重超标。在达里雅布依人生存的生态环境中，他们用自己特有的生活方式保持着自身发展和生态的相互平衡，形成了具有生态性的游牧文化，体现了他们在饮食文化上也是如此，如他们就地取材、合理利用自然资源等。逐水草而居、经常处于迁移变动的生活状态使达里雅布依人的饮食文化和他们居住文化一样必然具有方便快捷的特性。例如库麦其的制作，他们就地取材，利用漫天的沙子和仅有的红柳树枝，把沙子烧热来烘烤大饼，羊肚子烤肉也是如此。

再比如达里雅布依人进食时都是围着餐布席地而坐，库麦其等食品都可以直接放在餐布上，不需要餐桌和椅子，饭后直接把剩下的用餐布裹好收起来，等下次就餐再打开餐布即可直接食用；也不用过多的餐具，一把刀、一双手就可以将肉、库麦其、抓饭等送入口中，填饱肚子。从以上可以看出，达里雅布依人的饮食文化无不在各种程度上体现着与自然环境的密切相关性。①

再者，游牧经济奠定了达里雅布依人饮食文化的地域性、生态性和便捷性等特性。达里雅布依人的畜牧业主要是依赖自然，靠天吃饭。因此，需要根据季节的变化，不断地随牲畜逐水草而迁徙。主要从事畜牧业，大量放牧羊群，他们的生活主要依靠羊肉和羊奶。所以也奠定了达里雅布依人与游牧生活相适应的饮食文化特点。

当然达里雅布依人的饮食文化与生态环境之间的关系，还会受到其他诸多历史因素的影响，即历史进程中，人类活动和民族间的相互影响。因此，两者之间的关系不是绝对的。作为民族文化棱角的饮食文化，同样也是与生态环境有着如此的关系。②

在达里雅布依人生活的特定区域内，地理环境和生产生活条件的特色导致他们在饮食习俗和饮食心理等方面产生与其他民族不同的差异。同时，封闭的自然条件和沙漠腹地游牧生活使得他们与外界接触较少，从而导致他们的饮食文化在世代传承过程中，保持着相对良好的继承性。

总之，达里雅布依人饮食文化的形成，最初是与他们所生活的地理环境和生产生活方式息息相关。就整体而言，达里雅布依人主要从事放牧生活，由于生活环境和生产方式，他们享有的饮食文化与行为方式，显现于外的就是文化的封闭性，在空间结构上表现为地域性和生态性的互补和融合。

---

① 杨文娟：《新疆哈萨克族饮食文化特色的成因分析》，《和田师范专科学校学报》2011年第1期，第101—102页。

② 奇曼·乃吉米丁、热依拉·买买提：《维吾尔族饮食文化与生态环境》，《西北民族研究》2003年第2期，第155—165页。

达里雅布依人的饮食文化依他们特定的自然地理环境、交通条件和生存位置等，在长期的饮食实践中充分发挥主观能动性创造出来的物质文化和精神文化，是由他们生产生活的方式、过程、功能等结构组合而成的总和，包括了在沙漠腹地食物原料开发利用和食品制作过程中的技术以及达里雅布依人饮食为基础的习俗、传统、思想和哲学理念等。它与政治、经济、宗教、文化密切相关，植根于达里雅布依沙漠腹地自然环境和历史文化的土壤，凝聚着达里雅布依人文化乃至中华文化的精神和特点。

一个民族的饮食文化包括其饮食特点与习惯，这些特点与习惯又从不同角度反映着这个民族的血统、历史传承、经济发展、生存环境等，成为民族传统不可分割的一部分。说到底，达里雅布依人的一切都与他们的生活环境有着生生相息的亲密关系；游牧式的生产、生活方式创造了这些独具特色的饮食文化，形成二者之间的互补关系。所以，归结起来，达里雅布依人的饮食文化与它所依存的沙漠腹地生态环境是相互影响、相互促进的关系。

由上可见，生态环境和游牧式饮食文化的出现，是环境与文化相互依托、相互影响、共同发展的必然联系。具体说来，我们赖以为生的食物与生态环境之间，可能就是养育与被养育、促进与发展的关系，[①] 对于经济相对落后、自然环境十分恶劣的达里雅布依人来说，更是这样。

也正是因为任何原生态饮食文化的形成都与当地的地理、气候等自然环境密切相关。达里雅布依人的饮食文化也是如此，保持了相对传统的习俗，原生态饮食特色极其浓郁。

（二）达里雅布依人饮食宗教观

达里雅布依人信奉伊斯兰教。在历史上，他们曾经信仰萨满教、祆教、摩尼教、佛教等多种宗教。经调研，11世纪后他们主要信仰伊斯兰教。

---

① 寇蓉：《牧区蒙古族的饮食文化与草原生态环境的关系浅析》，《魅力中国》2010年第17期，第380—381页。

伊斯兰教是近现代达里雅布依人信仰的主要宗教，属于逊尼派，其宗教信仰带有很强的地域特色。在长期历史发展中，伊斯兰教对达里雅布依人的精神文化和物质文化影响较大。

伊斯兰教兴起于公元7世纪，其教义与制度经过《古兰经》固定下来。《古兰经》是伊斯兰教根本经典，是立法渊源。《古兰经》是伊斯兰教的先知穆罕默德在20多年的传教经过中，得到真主的启示，汇集成的一部经典。《古兰经》在穆斯林的宗教和生活中，占据非常重要的地位。伊斯兰教对达里雅布依人的精神生活影响极大，也就是说，他们的精神世界极大地伊斯兰化，他们的饮食文化更是极大地受到伊斯兰教的影响。

达里雅布依人的伊斯兰文化奠定了其清真饮食文化的格局，伊斯兰教教义随之广泛渗透到他们的传统社会规范、生活伦理、日常仪式以及节庆习俗之中，使之烙上了伊斯兰文化的印记。从而，饮食文化也一样具有了鲜明的宗教性。

伊斯兰教对饮食非常重视，尤其在禁忌方面体现得较为明显。它在饮食中界定了许多合法与非法的食物。如《古兰经》云："禁止你们吃自死物、血液、猪肉，以及诵非真主之名而宰杀的、勒死的、捶死的、跌死的、野兽吃剩的动物……"所以自死物、血液、猪肉以及诵非真主之名而宰杀的动物都属于非法食物；而合法食物是指伊斯兰教教法准许食用的食物，亦即除禁食之外的所有食物均是可食的。在饮食礼仪方面，伊斯兰教规定穆斯林饭前洗手，保持清洁，不能坐在装有食物的箱子或其他用具上，不能用手背抚摸食物，不能浪费粮食，不能随意丢弃或用脚踩踏食物，更不能用脚跨过或踏过吃饭用的餐布。妇女不能从长辈面前走过，要从背后绕行。青年人不能当着老人的面喝酒抽烟等。这些饮食习俗充分展示了达里雅布依人饮食文化的宗教性特征。[①]

另外，达里雅布依人的节日肉孜节（开斋节）就是源于伊斯兰

---

① 杨文娟：《新疆哈萨克族饮食文化特色的成因分析》，《和田师范专科学校学报》2011年第1期，第101—102页。

教。在斋月里，达里雅布依人要履行的义务之一就是封斋。不分年龄、不分男女，封斋 30 天。在斋月里，每天黎明之前吃早饭，然后整日不进食，连水都不能喝，直到太阳落山，做完礼拜才能进食。30天封斋结束后便是肉孜节。同样，伊斯兰教节日古尔邦节（相当于我们的春节）也使得达里雅布依人形成了必须宰牲庆祝和待客的饮食习俗。

宗教对于其忠诚的信徒来说，几乎贯穿他们生活的方方面面，因而他们的饮食文化必然带有宗教性。总之，信仰伊斯兰教的达里雅布依人在饮食文化上受到伊斯兰教义的影响也极为深刻。

（三）达里雅布依人饮食文化中的社会礼仪

社会礼仪在饮食文化中主要体现在饮食方面约定的行为规范。社会礼仪最早是从人与人的关系中表现出来的。达里雅布依人在饮食方面的社会礼仪表现在严格控制饮食行为。从平时自己家的居家进餐到来客吃饭还是特殊日子聚餐，各有一套习俗规范，人们严格遵守，以防失礼。

达里雅布依人在平时居家进餐时，都是要讲究长辈必须坐上席，长辈动筷后，其他人才能开始就餐。要求在长辈面前不能吸烟、喝酒等。达里雅布依人也非常讲究卫生，他们生活在沙漠腹地，即使用水非常困难，他们也一定要在饭前洗手，尤其在吃抓饭前，需要把手洗得非常干净，不能留长指甲，不能大声说话，吃饭时不能发出声音。大家一起吃一大盘饭时，只许吃自己面前的部分。达里雅布依人认为客来福至，所以他们待客非常热情。

达里雅布依人在饮食方面的社会礼仪还表现在礼俗方面。人类生活中一般遵循的礼俗即生礼、成年礼、婚礼和葬礼。宴饮是这些礼俗的重要部分。达里雅布依人讲究在不同环境和时节吃特殊的食品也成为节日的习俗，如"诺肉孜节"要吃诺肉孜饭。由于环境和条件的限制，婚宴即使每三位客人共用一盘抓饭，一碗药茶，也要有所讲究。他们过生日、祝寿习惯吃拉条子，过"库尔班节"也要宰羊、煮肉，这些都是约定俗成，成为约定的社会礼俗。

利用饮食进行正常的社会人际交往，是达里雅布依人饮食文化的社会功能之一。在过节和婚礼等聚会的时候，他们的饮食会更加丰盛，通过提高和改善饮食标准以增强人与人之间的交往。因为达里雅布依游牧民族生产、生活通常以家庭为单位，往往一个家庭占有一片沙漠绿洲。地广人稀，户与户之间相距较远，由于交通不便，大家之间的来往和沟通不多，这样的生活方式限制了平时交往的场合与机会。只有在节庆聚会场合，才是交往的最佳时机。一般这样的场合主要集中在肉孜节与古尔邦节两个主要节日和婚礼上。

总之，达里雅布依人饮食文化的社会礼仪习俗主要表现在人生礼仪、节日礼俗、人们正常交际来往等多个方面。

（四）达里雅布依人饮食文化呈现的民族性

综观达里雅布依人的饮食习俗和饮食文化的主题特性，我们可以从中了解他们民族性格有以下几个特征：

第一，达里雅布依人的民族性格显现出热情好客的特点。客来福至，盛情款待，是达里雅布依人的传统美德。第二，达里雅布依人的民族性格里包含着强悍、粗犷、豪放的特点。无论是在与达里雅布依人打招呼的时候，还是在到达里雅布依人家里做客的时候；无论是在他们欢快的歌舞场上的时候，还是在他们至今仍保留的一些原始的食品制作方式上，都可以体会到他们那种游牧民族性格的遗风依然传承和发扬着。[1]

当然，达里雅布依人的民族性格绝不止这些，他们的饮食习俗还能体现出乐观开朗、崇尚自然等民族性格。

综上所述，最具维吾尔民族特色的达里雅布依人的饮食文化，是他们在漫长的生产生活中逐渐凝练而成的宝贵资源。

达里雅布依人的生存条件对他们的饮食文化起着重要作用。达里雅布依人全民信奉伊斯兰教，宗教信仰也对他们的饮食文化产生了影响。他们的饮食文化是达里雅布依人多姿多彩的民族文化一个重要组成部分。

---

[1] 李国平：《析维吾尔族饮食文化中的民族性格》，《塔里木大学学报》2007年第1期，第56—59页。

我们可以看出，达里雅布依人饮食文化中深层次的内涵，部分地在他们的饮食行为和规范中表现出来。饮食不仅是生活不可或缺的物质基础，也是人们生活重要的精神财富。在饮食过程中，能看到的不仅是思想道德、文化素养、生活状态和需求等精神和物质的表现，更能体现出人们对食物需求的深层的含义。

通过我们的分析研究也可以得出，达里雅布依人把游牧生活方式带入沙漠深处，并能繁衍生息至今，这数百年的历史，证明了人类社会依赖自然环境生存的可能性和创造性，物质文明与精神文明的相对性。

第六节　达里雅布依人居住文化

居住是人类社会发展到一定阶段的产物。从无意识地在岩穴山洞栖身到有意识地选择、建造居所，乃是人类历史上的一个伟大的进步。它不但标志着人类从此而获得了一个较为安全舒适的居住空间，更标志着人类的居住行为不再盲目，并开始具有了较强的文化意味。因此，从文化的视角去对人类的居住活动进行全面的审视，无疑具有很高的学术价值和深远的文化意义。[1]

数百年来，达里雅布依人过着"逐水草而迁徙"的牧放生活。他们与生活在南疆其他乡镇主要从事农业活动的维吾尔族有所不同。至今，在日常生活、习俗等方面，达里雅布依人仍然保持着维吾尔族古老传统的牧放生活方式，他们现在还是过着半游牧半定居的生活。他们保持了古朴的民风民俗和独特的居住文化。研究达里雅布依人的居住文化，无疑对达里雅布依人整体文化的研究具有很重要的意义。

达里雅布依人拥有着悠久历史和丰富民族文化传统的民族群体，由于特殊的生存环境、特定的民族发展历程，他们的居住文化独具特色。通过达里雅布依人具有民族性、地域性的居住情况，分析和认识

---

[1] 廖明君：《民族居住活动的文化阐释》，《广西民族研究》1997年第3期，第125—127页。

他们在特定历史条件、特殊生存环境和特色民族文化背景下形成的居住文化。

一 达里雅布依人居住概述

久居大漠深处的达里雅布依人,由于自然环境的限制,这里的牧民居住得非常分散,一户人家一片胡杨林,一群羊,一口水井,户与户之间相距甚远,少则几公里,多则30—40公里,最远的可达百余公里。

处于半游牧的达里雅布依人没有完全定居的概念,在他们的生活里只要有成片茂密的胡杨林,有草场,就会有达里雅布依人的家。为了生存和有限的资源他们只能分散居住,在一片胡杨林里只能居住一两户人家,整个达里雅布依乡,即使在乡政府所在地铁里木村也只有十几户人家居住。

图3-21 新疆和田地区于田县达里雅布依人的木屋(摄影:孟凡昌)

他们为了水，跟随水源放牧生存，沿克里雅河水而居；但他们又必须与河水保持一定的距离，因为在每年的洪水季节，河水一旦泛滥，他们的房子就可能会被冲走。因此，他们只能选择地势较高的地方搭建家园，保持房屋与河道的距离在50米左右，这样既能避免洪水，也是挖井的最佳距离。

图3-22　新疆和田地区于田县达里雅布依人民居——胡杨树杆做的屋门（摄影：孟凡昌）

达里雅布依人至今过着半游牧的生活。他们建造的房子极其简单，四方四正，但又整洁干净。院子里的沙土平平整整，洒着水。由于达里雅布依胡杨和红柳遍生，因此，他们的生活都和这两种树木密不可分。选择在胡杨林荫下安家，他们的房屋用胡杨、红柳建造而成。在做好地基的基础上，用胡杨枝干建设成支架，用胡杨红柳树枝编织成墙体，再将和好的泥巴抹上去，屋顶铺以较厚的芦苇，形似木笼，房门则是由一棵粗大的胡杨木挖空一分成二做成。

图 3-23　新疆和田地区于田县达里雅布依人民居——
胡杨树杆做的屋门（摄影：尚昌平）

"沙漠腹地"降水很少，风沙较多，多数房屋会被风沙冲袭墙体脱落，看似篱笆墙，墙体涂抹草泥。前厅和厨房前面是用胡杨木或红柳轧制而成的围栏，相当于前院，前厅和厨房外墙只是用红柳编织、胡杨木支撑，四面透风，其余的房间则要糊上一层黏土。①

图 3-24 达里雅布依人民居——胡杨树杆泥巴墙
（供图：孟凡昌，摄影：张爱东）

屋里高出地面约一尺的土沙，他们以胡杨木和黏土垒成高台，再铺上羊毛毡或地毯，就是他们的床了。厨房都设在大门边，所谓厨房，也就是在地上挖一个几十公分见方的火坑，当作炉灶，用来烧水做饭，屋内并没有灶台或炉子。整个屋子除去厨房都是卧室。夏卧室、冬卧室的区别就在于红柳编排的疏密。只有冬卧室的墙壁会在红柳缝中抹上泥草，而且四周都没有窗户。②

---

① 新疆都市报：《"达里雅布依"的奇境——新疆神秘的原始村落》，http://xbly.chinawestnews.net/system/2009/04/30/010123408.shtml。
② 阿秀：《探秘"沙漠中的原始村落"——达里雅博依（大河沿）》，http://www.mafengwo.cn/i/678050.html。

第三章 达里雅布依人物质文化

图 3-25 新疆和田地区于田县达里雅布依人饮食——
沙坑灶台（摄影：行走达人）

图 3-26 新疆和田地区于田县达里雅布依人饮食——
一家人的午餐（摄影：孟凡昌）

他们不仅房屋架构简单,其居室内部设置也极为简陋,用品缺乏,没有统一性、规范性,门狭小,不重视设置与布局。由于门小无窗的关系,屋里光线不足。门的作用主要是方便出入及通风透光。厨房、卧室、仓储不分,类似的居住特色,也正体现了地方民族的文化内容与特色。

每家都有两三处住所,一处是供人居住,一处是供放牧使用,一处是供挖大芸、晾大芸使用。房屋较大,一般每户人家都能同时居住50人以上,主要是为了在割礼、结婚、生子、葬礼以及节日时接待亲友所用。

图 3-27 新疆和田地区于田县达里雅布依人不灭的火塘(摄影:尚昌平)

所有的克里雅人都将火种视作生命,他们至今保留了古老的拜火教习俗。这些大漠的子民都非常清楚,一旦火种熄灭,沙漠就成为死地。所以,无论你走进哪家达里雅布依人的屋子,首先都会看到一个他们独创的火膛——在屋内的平地上挖一个低于地面的方坑。这种火膛虽然看上去很简陋,但却可以有效地保证火焰不停地燃烧。从古至今,克里雅人无论将家搬到哪里,带走的一定是火种。搬家的时候用金属盒将火种一并带走,保持火种生生不息。据说,有些家族世代是达里雅布依人,已经将祖传的火种保存了数百年没有熄灭。当然,现在是搬家后重新生火,"保存"是相对而言的了。

二 达里雅布依人居住建筑特点

(一)"阿以旺"建筑格局

"阿以旺",维语意为"明亮的处所",即带天窗的前室,是和田地区享有盛名的维吾尔族民居建筑形式。和田地处昆仑山北麓及塔克拉玛干沙漠的边缘,常年无雨,沙尘暴频繁。当地居民为适应和拥有内外合一的舒适环境,挑高出屋顶约0.8米、宽2米的方形藻井天窗,这就是"阿以旺"。从建筑布局来看,"阿以旺"可视为室内空间,但从功能上分析,它呈现为室外活动空间,是主人纳凉、待客、聚会娱乐的最佳场所,尤其是应对风沙、寒冷及酷暑等恶劣气候更加适宜。[①]

达里雅布依人居住的房屋属于"阿以旺"的房屋模式,房屋连成一片,庭院在四周,平面布局灵活,前室称"阿以旺",又称夏室,开天窗,有起居会客等多种功能,后室称冬室,做卧室,一般不开窗。

在漫长的历史进程中,由于处于特有的气候、资源、经济和文化等条件下,与周围环境浑然一体,体现出当地居民长期以来对生存环境的具体感知方式,体现了天人合一的建筑思想。这与美国建

---

① 李群:《新疆维吾尔族生土民居的调研与思考》,《美术观察》2011年第4期,第16—18页。

筑大师弗兰克·劳埃德·赖特的有机建筑中所体现出的建筑理念十分相似。[1]

达里雅布依人居住的房屋很少考虑朝向，是由于当地风沙大，夏热冬寒，不能采用大面积的侧窗。因此，建筑中各房间按主次围绕户外活动中心而展开布置，根据房屋使用的需要可任意延伸。各个房间布置十分灵活，是相互串联的，使空间既得到区分成为独立的私密空间，又相互贯穿体现出建筑的整体性、合理性和流动性。因而建筑的外轮廓主要是由房屋的内部空间决定，建筑呈现低矮向四周展开的状态。

达里雅布依人居住的房屋为了避免风沙对居住环境的干扰，对建筑部分采取了严密的封闭形式，将基本单元、辅助用房、厨房等围合成一个以内廊相连的四合院，所有的门窗全部开向内庭，建筑的外墙几乎无窗，有时一侧无房，但也以墙体封围，只有一个门作为出入口。一般居室所围合的庭院较小，大都为正方形，形成一个中庭，人们平时的起居生活都在中庭院内进行。为了更好地堵截风沙，人们在庭院上部也加盖封顶，为了通风采光，使其顶部突出于四周建筑的屋面之上60—120厘米，其侧向窗可启闭，做采光通风之用。这种中庭空间的做法就是"阿以旺"。[2]

（二）以生土为主要原料的构筑模式

达里雅布依人居住的房屋需要先打好地基，然后用胡杨枝干做成支架，用红柳枝编织成墙体，再将和好的泥巴抹上去，屋顶铺以较厚的芦苇，形似木笼，是以生土为原料的建筑模式，属于"半生土"建筑。

在大多数人眼中，生土建筑可能被视为"贫穷、落后"的代名词。事实上，生土建筑包含了极为丰富的内容。生土建筑的构筑模式包含了对地域气候、地形地貌、环境资源的适应性，它维系一定地域

---

[1] 马晶：《浅析新疆和田维吾尔族民居——从赖特的有机建筑到和田维吾尔族传统民居》，《大众文艺》2011年第10期，第196—197页。
[2] 贾伟国：《新疆和田维吾尔族民居初探》，《大舞台》2011年第5期，第163—164页。

内建筑文化的特征与发展，体现居民朴素的生态哲学思想和对"客体"的认识观。①

自然环境的制约成为地域性建筑文化产生的前提。达里雅布依人的居住环境以沙漠、戈壁为主体，具有冬季寒冷、夏季炎热、少雨干旱的气候特点。他们居住的房屋采用"半生土"建筑模式。

"半生土"是以生土和木材、枝叶等构件共同完成房屋的围护与承重。西域人在进入农耕社会定居生活时，土木混合结构的平顶房建筑就已经出现了。据《梁书·高昌传》记载："架木为屋，土复其上。"指的就是新疆典型的土木平顶民居，形成这种建筑形式的原因是"地无雨雪而极热夕"。其构筑方法有两种：一是先立木柱，柱间编笆，表面再敷泥土，柱上架梁枋，覆以植物枝叶在密肋上，再敷泥土墁成平顶；二是以生土夯筑和土坯为围护体，内置木地全梁、木挂及卧梁，屋顶为密梁，满铺小椽，覆麦草保温，抹草泥平顶。上述两种建构模式至今仍在塔里木盆地周边的一些绿洲、乡村中被承袭和沿用。②

（三）就地取材与自然融合的建筑特点

身居沙漠腹地的达里雅布依人由于交通不便，其建筑材料主要或被动都绝对体现了就地取材与大自然恰切融合的建筑特点。自然环境对于建筑材料的选取和使用影响颇大。材料来源于自然界，因地制宜，有什么材料就用什么材料，这也成为达里雅布依人房屋建筑的经济原则与建筑特色。达里雅布依乡极其干旱，只有胡杨树和红柳适合生长，自古以来，为该区的居住建筑提供了有利的条件。达里雅布依人房屋建筑主要以沙土和胡杨木材料为原材料。

达里雅布依人居住的房屋建筑将室外的庭院用胡杨和红柳木枝叶围成，把大自然景色引进室内，使建筑与自然和谐融合在一起。像这样建筑与大自然的和谐，房屋如同从大自然里生长出来，并力图把室内空间向外伸展，把大自然景色引进室内。建筑材料利用本地材料，

---

① 李群：《新疆维吾尔族生土民居的调研与思考》，《美术观察》2011年第4期，第16—18页。

② 同上。

发挥传统建筑材料的优势。房屋建造同自然环境的紧密结合是他们建筑作品的最大特色。本地材料的巧妙运用，使建筑与周围环境达到了完美的统一。①

三 达里雅布依人居住文化内涵

综观达里雅布依人的居住，经过分析研究和探讨我们可以看出他们的居住具有一定的文化内涵。

（一）方正规整的布局观

达里雅布依人至今仍过着半定居、半游牧的生活。他们居住的房子极其简单，都是四四方方的，家家整洁干净。院子里的沙土平平整整，洒水为净。也正印证了"传统民居讲究方正，因为古人认为天圆地方，认为住宅方正就会阴阳平衡"。达里雅布依民居给人以规矩、方正之感。充分体现出方正规整的布局观。

（二）达里雅布依人居住文化的生态观

"优美的环境、良好的风水"是择地定居的主要条件之一。达里雅布依人的居住房屋建设因地制宜，民居因势而建，顺应和利用自然生态地理条件。前厅和厨房前面是用胡杨木或红柳轧制而成的围栏，相当于前院，前厅和厨房外墙只是用红柳编织、胡杨木支撑，四面透风，其余的房间则要糊上一层黏土，达里雅布依人居住的房屋建设中无处不渗透着对自然最大限度的亲近。充分反映出生态观在他们民居建设中的重要地位。

1. 达里雅布依人居住的生态文化内涵

达里雅布依人民居集建筑艺术与生态为一体，形成了具有较高价值的建筑文化。中国建筑文化深受中国传统文化的影响，传统民居成为传统文化的一个巨大载体，其中蕴含着丰富的生态思想，也是其在中国民居文化中占据重要地位的主要原因。"阴阳相济"是中国古代传统哲理中重要的范畴。传统哲学认为天地间万物交互感应都是

---

① 马晶：《浅析新疆和田维吾尔族民居——从赖特的有机建筑到和田维吾尔族传统民居》，《大众文艺》2011年第10期，第196页。

"气"的作用。"气"也是中国风水理论的精髓。《老子·四十二章》云:"道生一,一生二,二生三,三生万物,万物负阴而抱阳,冲气以为和。"《说文解字》曰:"冲,涌摇也。""万物负阴而抱阳,冲气以为和"就是阴阳二气涌摇融合而为"三",以生万物的思想。《庄子·外篇》云:"气变而有形,形变而有生。""人之生,气之聚也;气聚则生,气散则死"等。中国传统的风水学认为好的住宅应该是建在山水环绕之间,左右有所环拱,背山面水,背阴朝阳,选择地势较为平坦,土地肥沃之地。达里雅布依人身处沙漠腹地,依靠克里雅河畔,他们利用风水学的原理,选择了河两边的平坦地带进行建筑。这样的选择蕴含着丰富的生态理念。院落整体布局,蕴含丰富的风水选址思想,表现在院落布局均采取避风向阳的理想模式,合乎古建筑"负阴抱阳"的环境模式。[①]

达里雅布依人的居住建筑还充分考虑了沙漠气候和地理的特点。为抵挡常年的风沙,房屋很少有窗。方正的院落不仅满足了采光的需要,同时也是生活使用的空间,在院落里安排生产、起居、用餐、休闲、储藏和晾晒等多项活动,与室内空间共同构成统一的生活使用空间。院落空间"通天接地",这种对生态空间的利用是最具有生态性的利用。

2. 达里雅布依人居住文化的生态精神内涵

民居建筑环境中的生态文脉。民居建筑的产生、演变深受自然环境、人文环境、社会环境、经济技术等因素的制约和影响,其中自然环境是影响民居建筑的首要因素。因为达里雅布依是典型的温带荒漠性气候,春秋季短,夏冬季长,因此,对民居的总体要求是较好的抗暑防寒性能。由于沙漠地域辽阔,在民居构造上,环境因素被放大了许多。居所与地形因势而建、与环境因地制宜、居所与院落的灵活布局,另外,还包括能源与资源的合理利用等。

在对自然和文化不断取舍中,民居建筑的内环境以生态性为价值

---

① 隆滟、刘霞:《从民居文化的内涵看其对提升城市文化竞争力的意义——以兰州古民居为例》,《甘肃社会科学》2012年第6期,第209—211页。

取向，用贴近自然的生态观点传达出居所的功能与定位。如达里雅布依民居采用"阿以旺"设计理念，房屋顶部开有天窗以便达到采光、排烟、通风的作用，建筑呈内向封闭式。从外观上看，整个民居建筑除大门外几乎没有其他洞孔，因此抗风沙能力较强。民居建筑作为文化与生态的复合体，在做出适应环境的取舍后，更关注人的生存价值，留住阳光，阻隔风沙。他们对居住空间的精心设计，融入了人们对自然生态环境的理解，实现对自身生存的尊重。[1]

维吾尔族民居建筑材料中的生态取向。由于达里雅布依人深处"沙漠腹地"，地广人稀，每户间隔较远，交通运输落后使贸易交换非常困难。对于建房所需的材料基本都是"就地取材"，生土便成为建筑的首选材料。生土为未焙烧的土壤，具有良好的生态性能，生土不易生虫，具有吸湿作用，可调节室内湿度，提高居室的舒适度；生土材料热稳定性好，有较好的蓄热与隔热性能。生土具有较大的蓄热性，可保证房屋冬暖夏凉，生土反射的浅色光可提高日光的反射率，降低热辐射，起到隔热保温作用。生土材料重复利用率高，使用耐久；生土建筑拆除后能回收再生，亦可作为改善农田土壤的肥料使用，对环境影响很小。[2]

达里雅布依的生土为沙质土，他们用简易的方法对生土进行简单加工，生土施工技术简便灵活，易于掌握，就地取材减少运输成本和能源消耗。因此，高效、节能、经济、实用、生态是达里雅布依人建设房屋最大的特点。

生土民居既适应当地的自然地理和经济条件，也符合环境生态与和谐共生的民俗价值观。

维吾尔族民居建筑布局中的生态理念。达里雅布依人庭院生态的自在运转当然也离不开水的润泽。逐水而居是他们生活的永恒主题。在他们的观念中人与自然的和谐共生关系是最具活力的生态理念，达里雅布依人为了生存跟随水，沿河而居，又必须与河水保持一定的距

---

[1] 朱贺琴：《维吾尔族民居建筑中的文化生态》，《新疆社会科学》2010年第2期，第104—108页。

[2] 同上。

离，以防止河水泛滥冲走他们的房子和家园，他们必须选择地势较高的地方搭建房屋。

达里雅布依人注意对土地、水源、山林等自然资源的适度开发与合理利用，保证其生产和生活得以一代接一代地持续发展。这种追求人与自然的和谐关系和与自然相依相存，无疑是达里雅布依人智慧、文明与进步的体现。人们在生活实践中所形成的朴素的自然生态观及其优良传统，在今天看来仍不乏其合理性和科学性，值得继承和大力弘扬，以保护我们赖以生存的环境。①

总之，在达里雅布依人民居建筑中，建筑的有形文化与无形文化均体现了文化生态体系的循环，人与自然的和谐相处是其宝贵的生态智慧。

（三）达里雅布依人居住文化的宗教观

宗教信仰与居住民俗文化也有深刻的社会历史关系。特别是达里雅布依人，由于生产力发展水平低，生产实践的广度与深度都极为有限，加之长期居住在沙漠腹地，自我闭塞，令其精神生活处于封闭半封闭的状态。因此，宗教意识渗透到他们生活的各个层面，居住民俗文化也不例外。无论居住结构与家居生活，都会受到宗教意识的影响。

达里雅布依人民居融汇中国传统建筑学和伊斯兰宗教影响的双重哲理，强调人工和天然的相互转化而不是相互僵持，相互补充而不是相互割裂。作为精神领域里的建筑宗教性，则是在理论和实践上探索达里雅布依人建筑创作思想的同样不可忽略的部分。②

一方水土养一方人。不同地域的人们都有属于自己地方的生活传统与居住习惯。民居正象征着这个地方的建筑风格和人文特征。从达里雅布依人民居可以看到它的这种建筑的地方性对于文化多样性可能产生非常重要的意义。也正因如此，建筑也成为认识和理解一种地方

---

① 韦熙强：《试论壮侗民族民居文化中的科学因素——壮侗民族民居文化研究之一》，《广西民族研究》2002年第6期，第44—48页。
② 王磊：《浅析新疆吐鲁番维吾尔族民居艺术特色》，《大众文艺》2010年第17期，第144—145页。

文化的重要手段。

达里雅布依人的民居文化，在很大程度上体现了民居文化是一定社会历史时期，各地区各民族传统文化的产物，体现了民族文明文化的组成部分及发展水平。

沙漠腹地独特的自然环境，使达里雅布依人的居住文化呈现浓郁的原生态特征。浓郁的原生态特色和丰富的古老文化因子，使达里雅布依人的民居以粗放淳朴的形式体现出来。在经济全球化的今天，许多原生态文化受到了强烈的冲击，有的有所改变，有的荡然无存。在这种时代大背景下，达里雅布依人原生态特色浓郁的居住文化自然具有重要的研究和参考价值。①

第七节　达里雅布依人的交通

由于达里雅布依人身处沙漠腹地，交通极其不便，没有硬化道路，只有专用沙漠车出入不会出现大问题。达里雅布依乡政府驻地距于田县城230公里左右，其中200多公里是在沙丘和沙山上穿行，全程共有9个平均高度40—50米的沙山。这让许多性能一般的越野车纷纷败下阵来，即使是沙漠车，在这起伏的沙丘上行驶，平均速度也不到20公里/小时。遇到远看平坦的碱壳子，车子就前后左右摇摆，当地人形容为"三跳"：车在路上跳，人在车里跳，肠子在肚里跳。当然在这样的沙丘道路上行驶，司机没有一定的技术和胆量是不敢开车进入这块"圣地"的，即使多年的老司机，在行驶过程中，车轮也随时会被沙子堵塞无法行进。

现在，从达里雅布依乡到于田县城，每个星期有一两趟车可以穿行。牧民们有一辆丰田陆地巡洋舰，是参加过环塔汽车拉力赛的车，从达里雅布依乡到于田县城跑运输，为了核算成本，每次需要集中等齐一车满座才发车，像这样的"沙漠腹地"沙化软道路，一辆沙漠越

---

① 姚伟钧、刘朴兵：《试论鄂西土家族饮食文化的特色》，《湖北民族学院学报》2007年第3期，第11—16页。

第三章　达里雅布依人物质文化

图 3-28　新疆和田地区于田县达里雅布依人的交通道路（摄影：王小霞）

图 3-29　新疆和田地区于田县达里雅布依的沙丘道路沙土极易塞车
（摄影：王小霞）

野车去一趟县城，光车的油耗需要 500 多元，还有车辆的损耗折旧等。由于道路的特殊，车辆来回跑一两趟就需要维修、保养。这里的物价也很高，县城里五六十元一袋子的面粉，在这里就需要 100 元左右。①

据说，早年进入达里雅布依主要交通工具就是骆驼和毛驴车，进出一趟需要 1 个多月时间。走亲戚的当地人，一般是带着馕、光着脚，在沙漠里步行一天或半天时间，到亲戚家住上两三天，现在有些条件好的牧民购买了沙漠专用摩托车。

2006 年，自治区政府给达里雅布依乡政府配送了一辆沙漠运输车，成为乡政府交通和运送生活物资的唯一工具。

图 3-30　新疆和田地区于田县达里雅布依的驼队运输
（供图：于田县史志办）

---

① 阿秀：《探秘"沙漠中的原始村落"——达里雅博依（大河沿）》，http：//www.mafengwo.cn/i/678050.html。

第三章 达里雅布依人物质文化

图3-31 新疆和田地区于田县达里雅布依人节日走亲戚（摄影：孟凡昌）

图3-32 新疆和田地区于田县达里雅布依人走亲戚（摄影：尚昌平）

达里雅布依人之所以过着封闭悠闲的生活，与交通困难绝对是分不开的。不少达里雅布依人祖祖辈辈没走出过这片绿洲，不知遥远的县城是什么模样，更不知世外每天发生的变化。报纸、日历在这里是奢侈品，只有乡政府的公职人员才能看到赶巴扎（市场）的人带回的十天半月前的新闻。①

第八节　达里雅布依人教育条件

在政府的大力支持下，达里雅布依乡的教育条件及基础设施比以前有较大的改善。牧民们对子女教育的重视程度比以前也有很大的提高。他们也认识到上学掌握知识的重要，尽可能地克服各种困难把孩子们送到乡政府附近的小学上学。所有孩子上学吃饭、住宿、课本全部免费，这些都受益于国家惠民好政策；他们也希望把自己的孩子送到县城上学。但是，也有一些家长不愿意让他们的孩子离开家园，也有部分孩子由于不习惯上学读书而逃学回家，发生此现象父母亲也会强迫孩子再回到学校。

达里雅布依乡的小学始建于1989年，2001年，新疆中宏基房地产公司和新疆建工集团共同出资重新建成了现在的中宏基希望小学。校园干净、整齐，整齐的彩钢板教室及学生宿舍绝对是全乡最好的建筑物。篮球场不算大，却是孩子们的乐园。周边有十几棵挺拔的胡杨树，孩子们穿着统一的校服，接受正规教育。目前学校有1—3年级的学生几十名，孩子们吃住都在学校，配备专职的教师，一切费用全部由政府承担。达里雅布依乡虽然很偏僻，办学条件相比县城简陋，在达里雅布依，最漂亮的建筑就是学校的教室，最鲜艳的服装是孩子们的校服。②

目前，达里雅布依乡小学有10名教职工，负责孩子们的饮食起

---

① 王铁男、王芃懿：《神秘的达里雅布依》，《西部论丛》2007年第6期，第83—90页。
② 新疆日报网：《今日达里雅布依》，http://www.xjdaily.com.cn/zypd/lyzx/jdtj/483646.shtml。

居和学习。他们都是外乡人，有些老师一年中只有寒暑两个长假才能返家探亲。几位年轻教师都毕业于和田师专。

学校的每一位老师并没有因为这里地处偏远、条件简陋而放松教学，他们都是按照统一的教学大纲来统一教学。他们确实应该是最受尊敬的知识分子和文明使者。学生两周回一次家，隔周周日家长把学生送到学校，隔周周五由家长接回去。学校的教职工基本上都来自县城，他们一个月能回一次家，很多时候，因为忙于教学和照顾学生，部分老师一个学期才回家一次。

于田县政府考虑到达里雅布依乡的办学条件及师资力量，从2007年开始，四年级以上到九年级的200多名学生全部安排到于田县城上学，学生们在学校住宿，每学期回一次家，学校安排专人、专车接送，包括吃、住、行在内的所有费用均由政府承担。

近年来，政府在达里雅布依乡的教育方面做了大量工作，取得了一定的成效，达里雅布依乡的教育现状比以前有了较大的改观，但是，目前达里雅布依乡的教育现状有以下特点：

由于地处沙漠腹地，距县城230多公里，交通不便，信息闭塞，自然环境恶劣，学生居住分散，致使该校的学生入学率比其他乡镇仍然偏低，教学质量比较差。由于学校距离遥远，上学几乎成了很大负担，造成到课率低；教师距离家路途遥远，工资低，教师队伍不太稳定，很大程度上影响正常教学。该乡目前没有幼儿园和学前教育。

造成达里雅布依乡教育现状的原因：

贫困是主要因素：马斯洛需求层次理论告诉我们，当满足生存的需要成为一件困难的事情，生存问题还没有得到很好解决的时候，所有生存之外的其他问题都不可能被重视。达里雅布依乡的现实状况肯定对教育有较大的限制和影响。

另外，教师数量少、素质不高；这里经济发展水平不高，教师队伍数量严重不足，愿意到达里雅布依乡小学任教的教师就更是不足。从师资方面看，教师的再学习能力不强。教师压力小，缺乏紧迫感，教学方式方法简单。

上学条件差，学校离家遥远。达里雅布依乡的孩子接受教育是克服了许多同龄城镇孩子想不到的困难后才得到的，其精神和行为应给予赞扬和肯定。同时，我们相信，随着各方面条件的不断改进和完善，达里雅布依的教育现状定会逐步向好的方面不断发展。

第四章 达里雅布依人精神文化

达里雅布依人从远古以来，一直生活在沙漠腹地。对此，调研组成员进行了必要而有效的实际调查，并获得较为翔实的调研资料。从而使我们从另一个角度，进一步了解和认识了达里雅布依人的精神文化世界。

达里雅布依人四百多年来一直居住在大漠深处，基本上是一户人家，一片胡杨林，一群羊，一口水井就是他们生活的全部。达里雅布依人体魄健壮高大，性格淳朴豪爽，长相外貌、语言文化、宗教信仰、风俗习惯基本与新疆于田县其他乡镇维吾尔族人一样。

近几十年来，随着现代文明和外界文化对这里传统文化等方面的熏陶和影响，达里雅布依人的整体生存状况有了较大的变化和改观。但通过电视、报纸、网络等媒介的报道和了解，我们看到了这里目前仍还存在着食物短缺、医疗卫生条件极差以及教育资源匮乏等诸多方面的问题。这里的人们生活在相对孤立的地方，过着不同于城市生活的半游牧半定居的生活。但他们也被现代生活方式所吸引、所影响。现在，这里的人口数量伴随着移民而不断增加。然而，传统的节日庆典和婚丧礼仪依旧保持着传统的特色，并对人们的精神文化有着较强的影响。

第一节 达里雅布依人语言文化

众所周知，语言是维系民族共同体的重要纽带，也是一个民族的重要区别性特征。同时，语言又是民族文化的重要组成部分和载体。

人们通过某一民族的语言结构、词汇内涵、语法关系、语言文字的表现形式和手段等，可以了解和研究该民族的历史文化以及风俗习惯。

达里雅布依人属于维吾尔语系，但具有一定的方言习惯，同和田地区维吾尔族人使用的语言基本相同，但也有着自己的地域特色和具体的特点。

根据调研的文献资料记载，游牧维吾尔族牧民达里雅布依人使用的维吾尔语言属于阿尔泰语系突厥语种。他们先后曾经使用过回鹘文、古突厥文、古维吾尔文等。公元10世纪后，伊斯兰教传入，他们逐步使用以阿拉伯字母为基础的维吾尔文。中华人民共和国成立以后，曾经创制过以拉丁字母为基础的新文字。但是由于各种原因，到20世纪80年代初，他们又恢复使用以阿拉伯字母为基础的维吾尔文，与其他的突厥族的语言文字基本相同，只是发音上有所不同，包括远在小亚细亚的已经与当地民族融合很久的土耳其语也和维吾尔语基本一致，在听觉上，他们认为这两种语言与哈萨克等民族语言没有什么区别。

游牧维吾尔族牧民（达里雅布依人）世代口传，不用文字记载，更多时候使用体态语。

体态语是通过人的面部表情、手势乃至身体姿态来传情达意。在有声语言产生之前的漫长历史时期内，人类主要靠体态语交流。体态语伴随着人类的产生与发展，忠实地服务于人类生活的各种交际活动，它对人类的进化、社会的进步、文化的变迁都起着重要的推动作用。[1]

体态语是某些民族特有的，人们在观看表演或日常生活中往往通过体态语来认识和了解某个民族。如人们只要看到在舞蹈中脖子左右摆动的表演者、梳着无数根小辫随着音乐翩翩起舞的姑娘立刻就会联想到新疆的维吾尔族一样。[2]

游牧维吾尔族牧民（达里雅布依人）同维吾尔人一样善于把感情

---

[1] 郑燕：《维吾尔人准语言的运用及民族文化特征透视》，《和田师范专科学校学报》2006年第4期，第115—116页。

[2] 同上。

写在脸上,尤其是通过眼睛和面部表情来表达内心。通过他们的眼睛,凭借人类对眼神这种准语言的普遍性,人们可以解读出感情心境。如:对好人好事的称赞,对事物的鄙弃,对朋友的热情,对心爱之人的情意等。[1]

达里雅布依人信仰伊斯兰教,体态语中蕴含着浓郁的伊斯兰教义,体现了伊斯兰独特的宗教仪式和习俗。例如:

见面问候。右手抚胸,上身微微向前屈身,伴随语言:"您好!您好!"妇女见面,多互相拥抱,行贴面礼;年轻人之间见面多用握手礼,见面时双手伸出,与对方双手交叉相合即收回,握手并伴随语言:"您好!您好!"[2]

待客。主人将馕饼掰成几块,放在客人面前,不会将整个的馕直接递给客人。吃馕需双手捧着吃或用奶茶碗接着吃。进食完毕,主客双方掌心向内,举至胸前,念经文,然后双手抚脸结束。

吃饱。手按前胸,表示吃得很饱。伴随语言:"我吃饱了。"

感谢。躬腰屈身,右手按前胸,表示诚挚的谢意。伴随语言:"谢谢!"

后悔。男人一只手轻拍前额;妇女对刚说出的话突感失言或不该说时,往往立即用口含住食指或中指表示懊悔。伴随语言:"天哪,不说就好了。"

禁忌方面。一些动作被他们认为是"不吉利"。如:饭前要洗手,通常洗三下,然后用手帕或毛巾擦干,若洗完手后随便甩掉手上的水滴,则会被看作对主人的不敬之举。不能用左手接物或敬奉物品,而要用双手接;不能踩踏馕及其他食物,不能随便拨弄盘中的食物;不能在长者、教师面前喝酒、抽烟或做出其他随便动作等。[3]

达里雅布依人在亲属称谓上和于田县其他乡镇也有不同,他们的

---

[1] 郑燕:《维吾尔人准语言的运用及民族文化特征透视》,《和田师范专科学校学报》2006年第4期,第115—116页。

[2] 海峰:《体态语及维吾尔族某些体态语的特色》,《新疆大学学报》(哲学社会科学版)1998年第3期,第110—112页。

[3] 郑燕:《维吾尔人准语言的运用及民族文化特征透视》,《和田师范专科学校学报》2006年第4期,第115—116页。

游牧维语亲属称谓和汉语的亲属称谓调查统计表如下：

表4-1　　　　　　　游牧维吾尔族语亲属称谓调查

	汉语称谓	游牧维语称谓
父系称谓	曾祖父	偶鲁革博瓦 ou lu ge bowa
	曾祖母	偶鲁革莫妈 ou lu ge moma
	祖父	琼达达 qong dada
	祖母	琼阿娜 qong a na
父系称谓	父亲	达达 dada
	叔叔	塔尕 taga
	哥哥	阿卡 a ka
	儿子	吾古鲁木 wu gu lumu
	孙子	偶革鲁乃吾热 ou gelu naiwure
	重孙	派娜吾热 pai na wu re
母系称谓	外曾祖父	偶鲁革博瓦 ou lu ge bowa
	外曾祖母	偶鲁革莫妈 ou lu ge mo ma
	外祖父	克奇克博瓦 ke qi kebowa
	外祖母	克奇克莫妈 ke qikmoma
	母亲	阿娜 a na
	姊姊	克奇克阿娜 ke qi ke a na
	姐姐	阿恰 a qia
	女儿	克孜木 ke zi mu
	孙女	克孜娜吾热 ke zi na wu re
	重孙女	派娜吾热 pai na wu re
妻系称谓	岳祖父	琼达达 qong da da
	岳祖母	琼阿娜 qong a na
	岳父	开因阿塔 kai yin a ta
	岳母	开因阿娜 kai yin a na
	舅舅	塔尕 taga
	舅母	克奇克阿娜 ke qi ke a na
	外甥	吉艾尼木 ji ai ni mu
	外甥女	吉艾尼克孜 ji ai ni ke zi

续表

	汉语称谓	游牧维语称谓
夫系称谓	公　公	开因阿塔 kai yin a ta
	婆　婆	开因阿娜 kai yin a na
	丈　夫	依日木 yi ri mu
	妻　子	伙屯 huo tun
	侄　子	克奇克阿娜 ke qi ke a na
	侄　女	吉艾尼 克孜 ji ai ni ke zi

游牧维吾尔族牧民（达里雅布依人）由于他们的生活方式和生存环境的特殊性，他们在语言方面和维语的最大不同应该是他们的放牧用语。我们在调查中统计的游牧维吾尔族牧民（达里雅布依人）的放牧用语和汉语翻译见表4-2。

表4-2　　　　　　放牧用语名称及汉语翻译调查

游牧维语放牧常用语	汉语翻译
靠业白凯西 koybekix	养羊
哦特业艾希 ot berix	收草
奥习题 aoxiti	赶羊
普洱 pu er	呼唤羊
裘 qiu	赶牛
赫特 hete	赶毛驴
推，推，推 tuituitui	叫鸡
塔河 tahe	赶鸡

颜秀萍研究员在《维吾尔语达里雅博依话的语音特点》一文中对达里雅布依人的语言进行确认：达里雅布依话属于现代维吾尔语和田方言于田土语。

2006年8月和2013年8月，他们对达里雅布依人的语言进行了两次较为深入的调查。在未到达里雅布依之前，曾听到各种传说：一种是他们有自己的语言，如果他们用当地土语交谈，其他地方的维吾尔族人也很难听懂；另一种是他们说的就是维吾尔语。根据实地调查所获资料，从语音、词汇、语法三个方面对达里雅布依人的语言特点进行了分析研究，从而确定达里雅布依话属于现代维吾尔语和田方言于田县土语，只是较多地保留了自己的特点。①

达里雅布依话的语音系统与书面语存在较为严整的对应规律，但元音和谐方面存在一些差异，并有增音、减音现象。达里雅布依话的部位和谐、唇状和谐都相对比较严整。在古今维吾尔语中，圆唇元音都不出现于固有词的非第一音节，② 达里雅布依话也遵循了这一规律。米尔苏里唐乌斯曼诺夫③指出，"和田方言与其他方言相区别的一个显著特点就是书面语中的 r 音多数读作 j 音。但和田方言各土语中的情况也不尽相同。例如：皮山县多读作 j 音，于田县、策勒县、民丰县则相反，即土语中不发 r 音，只是个别词中高元音后的变成，但并不是所有的 r 音都变成 j 音"。达里雅布依话中的 r 音除具有于田县土语的特点外，其音变现象要更复杂一些。所以，达里雅布依话与和田方言具有一些共同之处，但同时又具有较为明显的语音特点。④

第二节　达里雅布依人节日文化

游牧维吾尔族牧民（达里雅布依人）他们同于田县其他乡镇维吾尔族一样，信奉伊斯兰教，勤劳质朴，热情好客。他们的节日文化与维吾尔族的节日文化有相同之处，但是，由于地域和生活环境的影响，在长期的历史发展过程中，逐渐形成了自己的具有沙漠腹地特色的节日文化。他们的节日充分体现了他们的风俗习惯、伦理道德、心

---

① 颜秀萍：《维吾尔语达里雅博依话的语音特点》，《民族语文》2014 年第 5 期，第 60—67 页。
② 同上书，第 60—68 页。
③ 赵明鸣：《〈突厥语词典〉语言被动态及其被动结构研究》，《民族语文》2001 年第 4 期，第 36—50 页。
④ 颜秀萍：《维吾尔语达里雅博依话的语音特点》，《民族语文》2014 年第 5 期，第 60—67 页。

理特征、文学化艺术与信仰历史,尤为重要的是他们的节日与宗教有着特别密切的关系,节日中的宗教文化具有独到的特色。

维吾尔族在历史上逐渐形成过许多节日。保存下来的有18个左右,包括宗教节日和传统节日。其中最重要的有三个节日:古尔邦节、肉孜节(开斋节)和诺鲁孜节,其他节日是否过,则根据历史条件与风土人情而定。此外,还有喝水节、水节、阿术拉日、登霄节、跳火节、播种节、都瓦节、萨依勒节、法蒂玛忌日、巴拉特节、盖德尔夜、香妃墓会、庆丰收节、白雪节、圣纪节等,这些节日普遍带有浓厚的宗教色彩和民族特征,呈现出别具一格的民族节日文化特点。这些宗教节日多数也是穆斯林共同的节日。[①]

维吾尔族先民从16世纪初甚至更早就信仰伊斯兰教,至今已有数百年历史。因而,其节日中伊斯兰教的色彩很浓。具体而言,一些节日可以说是宗教节日,如肉孜节、古尔邦节、圣纪节、法蒂玛忌日、巴拉提节、盖德尔夜、阿术拉日、都瓦节都是伊斯兰教教义的节日。跳火节则有萨满教色彩,而诺鲁孜节、庆丰收节、白雪节、喝水节与水节等,则反映出农耕社会中的收获喜庆等传统习俗。[②]

而对达里雅布依人来说最重要且每年隆重过的两个节日是:古尔邦节和肉孜节。其他节日则都是轻描淡写,不见得怎么浓重。有的节日也仅仅只是作为历史记录,很多年轻人也不十分清楚。

肉孜节、古尔邦节、婚嫁、丧葬等宗教或传统的节日都是乡里最热闹的时刻,尤其是在乡政府驻地的铁里木村。这个平日里安静的小地方一下子会人声鼎沸,非常"热闹"。大人们聚在一起说长论短,互倾心声,孩子们跑来跑去打闹玩耍。这里的几家小店铺只有这些时候才会"顾客盈门""热闹非凡",而大多数时间这些商店虽然开门,但顾客寥寥无几,甚至有些店铺也很少开门营业。

古尔邦节:游牧维吾尔族牧民(达里雅布依人)与回族一样也认为古尔邦节是最隆重、最喜庆,同时也是最盛大的节日(如同我们的

---

① 阿依先·肉孜:《维吾尔族的节日文化与宗教》,《世界宗教文化》2009年第12期,第27—30页。

② 同上。

春节一样)。古尔邦节一般在肉孜节（开斋节）后的第70天（即伊历12月10日）举行，家家户户都要杀鸡宰羊，意为"宰牲节"。"古尔邦"和"艾祖哈"都有"宰牲献祭"之意，是宰杀牲畜以献祭"先知""先辈"，所以也称为"忠孝节"或"祭祖节"。[1]

古尔邦节来自伊斯兰教的传说：为了考验先知易卜拉欣的忠诚，安拉在梦中启示他杀掉自己的爱子伊斯玛依作祭礼，易卜拉欣和儿子忠实于安拉的旨意，决定献身信主，安拉为他们的虔诚所感动，派天使牵来一只羊，让易卜拉欣以羊代子献祭。相传这一天是伊教历12月10日，为了纪念先知易卜拉欣父子，伊斯兰教把这一天确定为古尔邦节，届时要宰牲祭祀。另外，这一天也是穆斯林朝觐活动的最后一天，必须宰牲献祭，举行会礼。于是，相沿成俗，这一天成为穆斯林的传统节日。[2]

古尔邦节前家家户户都要清扫房舍，自制点心蛋糕。节日当天的清晨，穆斯林需要用清水沐浴、穿上节日盛装到清真寺参加节日礼拜，即"会礼"。他们在清真寺互致问候，由"伊玛目"（教长）带领进入祭拜大殿，朝拜圣地，面向西方背诵经文，接着观看宰牲仪式。礼拜结束后，家庭经济富裕的人家都要宰羊庆祝节日，还有更富裕的人家还要宰牛或骆驼，宰后的牲畜一般不允许出卖，部分送给清真寺和教堂职业者，剩余的自己食用或用来招待客人或赠送亲友。[3]

古尔邦节是维吾尔族一年中最盛大的节日，当然也是达里雅布依人一年中最盛大的节日。按照国家的有关政策，新疆维吾尔自治区人民政府规定，每逢古尔邦节，信仰伊斯兰教的民族干部职工放假三天。家长还要给孩子们发"压岁钱"。节日期间，人们穿上鲜艳的衣服，出门探亲访友，相互拜年，相互问候。

---

[1] 阿依先·肉孜：《维吾尔族的节日文化与宗教》，《世界宗教文化》2009年第12期，第27—30页。

[2] 刘东英：《维吾尔族节日文化中蕴含的生态伦理思想初探》，《南京林业大学学报》2012年第4期，第54—59页。

[3] 麦麦提明·赛麦提：《新疆农村城镇化进程与社会文化变迁研究》，新疆大学，硕士学位论文，2012年。

第四章　达里雅布依人精神文化

肉孜节（开斋节）：肉孜节也叫开斋节。"肉孜"系波斯文 Rozah 的意译，意为"斋戒"或"封戒"之意。伊斯兰教日历认为九月最吉祥，是天启《古兰经》颁降之月。因此，规定凡是信奉穆斯林教的人，除小孩、老弱者及孕期、哺乳期与经期的妇女外，都要进行斋戒。斋戒期间从拂晓到日落必须禁绝饮食、房事，断绝一切杂念，以表示对真主的忠诚，并磨炼守法的精神和吃苦耐劳的性格，养成宽厚仁慈和互助互爱的品行。斋月的结束以见新月为准，封斋30日如见新月第二天即开斋，如不见新月则推迟一天再行开斋，开斋日就是肉孜节。①

关于肉孜节的来历，维吾尔族另有说法，一种说法是：传说古时候，人们为了躲避异族的侵袭，白天躲在深山里不生火、不做饭，等到天黑月亮升起时才生火做饭。这样，年复一年，代代相传，演变成俗。另一种说法是：古时发生过一次大灾荒，孩子们由于饥饿，啼哭不止，母亲们无奈，把拳头大小的卵石放进锅里煮，哄孩子说给他们做"兄古提麻克"（维吾尔族人常吃的一种饭食，用玉米做成，形状像窝头，带汤）吃，并不时用木棍戳一戳给孩子看，让他们相信还没有熟，太硬不能吃。一次又一次，孩子再也不能忍受了，闹着非要吃不可。母亲们没有别的办法，又一次揭开锅盖用木棍戳时，一下子竟戳了进去。母亲们很惊奇，仔细一瞧，原来锅里煮的卵石都变成了可以吃的"恰玛古"（蔓菁，维吾尔族人爱吃的蔬菜之一）。人们以为这是神灵显示的奇迹，奔走相告，祝贺得救，并以各种娱乐欢庆神灵的这一恩典。于是定教历10月初（一般为伊历10月1日）是"肉孜节"，维吾尔穆斯林在这天开斋。②

节日到来以前，每家每户都要清扫干净房屋，准备节日服饰，准备节日饮食，同时他们还需要准备一些财物救济贫困。节日当天男人们需要沐浴干净，穿上干净的节日服装去清真寺参加"节日礼拜"。

过肉孜节，遵照伊斯兰教的教规，他们需要封斋1个月。在这一

---

① 阿依先·肉孜：《维吾尔族的节日文化与宗教》，《世界宗教文化》2009年第12期，第27—30页。
② 余孝明：《维吾尔族节日述论》，《新西部》（下半月）2007年第5期，第3—5页。

个月封斋期间，只能在日出前和日落后吃饭进餐，白天不能有任何吃食。1个月后开斋，恢复正常的饮食习惯。肉孜节意译为"开斋节"，开斋节前，各家习惯炸馓子、烤制各种点心作为节日食品。

在肉孜节当天，达里雅布依乡里大部分人都集中到"铁里木"做礼拜、赶集。人人都穿戴得非常整齐，男人身穿黑大衣，头戴"太里拜克"黑色羊皮高帽；女人头戴白纱巾，纱巾顶上别一个只有10厘米大小的黑色羊羔皮帽——"克吉克太里拜克"小帽，身穿手工缝制的"皮日吉"古色古香的长袍。有趣的是男人们做完礼拜从清真寺出来后，一个个自觉地排起队轮流互相握手问候，一排就排几百米长。这是因为他们沿克里雅河居住，前后有200多公里，乡亲们见一次面十分不容易，所以借过节或集会的机会，大家都相互握握手说句祝福的话以表敬意。他们在这时候，还有最主要的事要做，那就是谁家要办婚事或有一些其他的大事，都要在这一天商量好，顺便通知乡亲们参加，或者把请柬（一指宽的小纸条）发给大家。

游牧维吾尔族牧民（达里雅布依人）的节日除了古尔邦节和肉孜节，还有其他的宗教节日：诺鲁孜节、阿术拉日、登霄节、跳火节、都瓦节、法蒂玛忌日、巴拉特节、盖德尔夜、香妃墓会，维吾尔族的世俗节日，如：播种节、庆丰收节、喝水节与水节以及萨依勒节等，在此做简要介绍。

诺鲁孜节：属最古老的传统节日，据说有三千年的历史。其时在阴历春分时节，相当于公历3月22日。实际上就相当于汉族传统的春分节气。在冬去春来之际，人们为了迎接春天的到来，举办庆祝活动，庆祝歌与踏青、种树、清洁、换装、扫墓、互助、解怨，甚至为鸟雀造巢筑窝等都交织在一起，构成非常丰富的民俗文化活动。

阿依先·肉孜发表在《世界宗教文化》2009年第12期的论文《维吾尔族的节日文化与宗教》一文中，对于各个节日的描述详尽到位，我们在此引用：

> 阿术拉日：希吉来历1月10日。"阿术拉"是阿语"十"之意，传说这一天发生了很多重大事件，如诺亚方舟在这一天，终

于停在新疆罗布泊南岸的伊循,众人以豆粥解除饥饿,喝豆粥从此传下成俗。这天也是圣人穆萨用杖击水安然渡江、尤努斯出鱼腹而获救、安优布重病痊愈之日,也是耶稣蒙难被解救升天堂、安拉造人与火狱之日,如此等等。还有一种巧合,即穆罕默德的外孙——阿里的次子侯赛因,殁于卡尔巴拉圣战也在此日。

登霄节:在伊历7月27日。传说此夜穆罕默德由大天使哲布拉伊陪同,从麦加的禁寺乘骑仙马,一夜抵达1200公里之外的耶路撒冷远寺,从一块岩石上登霄,遨游了七重天,每层都看到了乐园和古代先知,黎明前安返麦加。后来,穆斯林在这天夜间举行会礼,称为"登霄节"。

跳火节:为古老的传统节日,每年农历二月中旬选择某一夜举行。是日夜晚,人们在村内的道路上用柴火、树枝、玉米秆堆成一道道的障碍,中间相隔一定的距离,点燃后,青年们从一定的距离向火堆跑,跨越过一个个火堆,一直到次日凌晨才结束。据说这是为驱邪而进行的活动,源自早期萨满教遗留下来的仪式。

都瓦节:是新疆喀什、和田等地维吾尔族的节日。"都瓦"系维语祈助、祷告的意思,在每年农历四月五日前后举行。节日期间,男女老少身着节日服装,尽情地跳"赛乃姆"等舞蹈,可以即兴表演独舞、双人舞,也可三五人同舞,有乐队伴奏。观众围坐在四周拍手唱和。舞至快速时,欢呼之声四起,情绪非常高涨。届时每家都吃抓饭,并举行祈祷、祭祀活动。

法蒂玛忌日:又称"姑太节"或"女忌节"。法蒂玛(605—632年,或说为606—633年)是穆罕默德的女儿,哈里发阿里的妻子,逝世于伊斯兰教历的6月15日。于是后人在每年的这天举行纪念,遂成为节日。每年这天的晚上,穆斯林的妇女都要去清真寺,听阿訇宣讲法蒂玛的高尚品德,参加听讲的人为了表示自己信教的虔诚,还要捐献财物给清真寺。届时她们联家联户、或各自作油香(一种油饼)布施,诵经并宴请宗教人士到各自家中做客,以此方法表示祭祀。

巴拉特节：时间是伊斯兰教历（伊历）8月15日举行，"巴拉特"是阿拉伯语的音译，是"赦免"之意。传说这一天，安拉亲临天堂的最下层巡视人间，决定人们一年的生死祸福。因此，穆斯林在这天要彻夜诵经、礼拜，以祈求安拉恩赐、赦免。维吾尔人过巴拉特节不举行会礼，不互相拜节，炸油饼子是这一节日中非常重要的一项任务。这一天，穆斯林家庭都要用植物油炸油饼子，炸不起油饼的家庭，也要想办法弄点油炝锅，民间把这个风俗称作"散油味"。

节日中，许多穆斯林要选择适当的时刻（晚上或者白天均可），带上提前炸好的油饼子，到过去的一年中有亲人去世穆斯林家中慰问，慰问者要身穿素服，神情庄重。见面后，宾主相互问候，客人先提起"阿布杜瓦壶"给主人洗手，招呼主人坐在餐布边上，然后，拿出自己带的油饼子一起吃，并劝慰主人。主人也拿出家中的食品招待客人，主人与客人一起回顾追忆死者生前的故事和事迹。如果大家都是近亲，往往要一起坐夜。

在巴拉特节，穆斯林还要带上油饼去游坟扫墓。拜拉提夜扫墓的人很多，墓地上人来人往，亲属要给死者的坟墓培土、洒水、栽树、加木撑子，要跪拜、诵经，神情十分肃穆。有的穆斯林家庭还要请阿訇到墓前诵经。扫墓人带的油饼子，或者散发给行乞的人，或者赠送给亲朋好友。

晚上，家家都要举行极具特色的踩油葫芦仪式。人们用旧的油葫芦做成火把，点燃后，挂在院子中的树上，或者挂在木桩上，将点燃的葫芦灯挂上，油葫芦火光熊熊，满村灯火点点，青少年自发开展民间文体活动，彻夜不眠，聚在一起高唱"巴拉特歌"，待到油尽灯灭，任其自由落下，大家一起用脚踩碎，表示消除所有灾祸罪孽。这样，人们就可以平安地过日子，因此，俗称此为"油葫芦节"。

盖德尔夜："盖德尔"是阿语"平安""大赦"之意，在伊历每年9月27日（斋日）举行，有的地区在25日或29日。相传《古兰经》在这一天夜里开始颁降于世，真主大赦他的信徒表示祝贺。据经中所载，在节日这天的晚上，众多天使和"鲁哈"（灵魂）奉命降临人间，讲诵真主和穆斯林的联系。而且"安拉"对穆斯林民众的祈求都会予以应允。所以，穆斯林信徒们认为这一夜晚比其他一千个夜晚都重要，虔诚的人们便在这天晚上"坐夜"。

圣纪节，也叫"圣忌节"，希吉来历11年3月12日，即公元632年6月8日，为穆罕默德的逝世日。杀吉来历62年（公元570）前的这一天，恰是穆罕默德的诞生日。将这位圣人的诞辰和忌日合并纪念，成为群众性活动，称作"圣纪"，阿语叫作"冒路德"，从埃及法蒂玛王朝（公元909—1171）就起源了，此后逐渐传播开来，成了伊斯兰教的三大节日之一。现在也是新疆清真寺必过的节日。

节日这天，人们聚集到清真寺沐浴、礼拜，听阿訇诵经、赞圣，讲述穆罕默德的生平事迹，有的穆斯林向清真寺捐赠"功德"（适量的钱和物），有的清真寺还宰牛宰羊，进行会餐。

香妃墓会：每年农历夏季在新疆南部维吾尔族地区举行的民间祭祀集会，时间达三个月之久。其中以农历七月份的每个主麻日（大礼拜）为最盛。起源于阿帕霍加墓（传为香妃墓）举行纪念清代乾隆朝的香妃（容妃）的活动。"香妃墓会"是南疆地区维吾尔族民间祭祀性集会，会期一般在每年夏天，以教历七月的四个主麻日集会最为隆重。每逢会期，参拜人数成千上万。礼拜之后，妇女们向香妃陵园倾诉心事，祈求夫妻和睦、家庭幸福、人丁兴旺，卜问子女婚姻；青年人在园陵四周举行歌舞活动，到了夜间，赴会者寻亲访友，聚餐谈天。①

香妃墓，又叫"阿帕霍加墓"，位于喀什市东北约5公里处的浩罕村，是伊斯兰教传教士阿帕霍加及其家族的墓地，据说墓内葬有同一家族的五代共72人。相传在清代康熙年间，阿帕霍加曾敬献给康

---

① 余孝明：《维吾尔族节日述论》，《新西部》（下半月）2007年第5期，第3—5页。

熙皇帝一棵沙枣树，受到康熙皇帝的赏赐。乾隆年间，阿帕霍加家族的艾力霍加协助清朝政府平定了大小和卓叛乱，被封为辅国公，他的女儿也被招进清宫，成了乾隆皇帝的爱妃。香妃，原名叫作"伊帕尔罕"（维语的意思是"香姑娘"），深受维吾尔族妇女的爱戴与尊敬。由于她总是在头上插戴沙枣花，身上有一股浓郁的沙枣花香，所以被人们称为"香妃"。据传，香妃病故之后，其遗体被护送回喀什噶尔，安葬在家族陵墓中，因此，阿帕霍加墓也被称为"香妃墓"。香妃墓始建于公元1640年前后，陵墓分为门楼、大礼拜寺、小礼拜寺、教经堂和主墓室五部分，门前地势开阔，四周古树参天，陵堂内摆放着一辆当年运送灵柩的马车。每逢节日，南疆各地穆斯林聚集在香妃墓，举行规模盛大的礼拜仪式，朝拜阿帕霍加陵墓。在当地的维吾尔族群众中，流传着有关香妃墓的许多美丽故事，保留着一些有趣的风俗。尤其是维吾尔妇女敬奉的对象。在生活中，如果遇到一些不顺心的事，或者有某种愿望时，许多维吾尔族妇女常常不怕路途遥远，来到香妃陵墓，用手扶着墓墙倾诉心声，希望能够实现自己的心愿。想生孩子的妇女除了祈祷之外，离开时还要在墓墙缝隙内塞一条红布条，以求保佑。①

维吾尔族的世俗节日还有播种节、庆丰收节、喝水节与水节，以及萨依勒节等，多有浓厚的农耕生活印记。实际上自840年维吾尔族先民从蒙古草原迁移到塔里木河流域起，草原游牧已转向了绿洲农耕生活。这些历史在节日文化中也得到反映和流传。

从上述介绍来看，游牧维吾尔族牧民（达里雅布依人）的节日文化丰富，又有浓厚的宗教文化内涵，且以伊斯兰教为主。古尔邦节则可近同于汉族人们最重视的春节，其实也与原初的信仰有些关系。跳火节中还保留一些萨满仪俗。他们的节日文化中，宗教内容很重要，而且有着多种宗教的蕴意。②

现在，随着中国社会经济的快速发展，达里雅布依人的节日文化也

---

① 余孝明：《维吾尔族节日述论》，《新西部》（下半月）2007年第5期，第3—5页。
② 阿依先·肉孜：《维吾尔族的节日文化与宗教》，《世界宗教文化》2009年第12期，第27—30页。

有所变迁。肉孜节和古尔邦节仍然是他们比较重视的。其丰厚内涵的节日文化，应该得到更多的重视，包括其丰富而重要的宗教内涵，如何保持优良传统并继以传承发展，正是我们需要研究和关注的问题。[①]

第三节　达里雅布依人婚俗文化

婚俗文化是民族文化的重要组成部分，每一个民族的婚俗文化都与该民族的社会形态、经济结构、宗教信仰、传统观念、婚姻习俗息息相关，并随着社会的发展和文化的变迁而发生变化。达里雅布依人的婚俗文化和其他婚俗文化一样也是在长期生活过程中逐渐形成，同时保留着独特的传统特色。

达里雅布依人生活在新疆南部和田地区于田县达里雅布依乡，属于游牧维吾尔族人。他们"逐水草而迁徙"，与于田县其他维吾尔族不同。由于地处偏隅和恶劣的地理环境、沙漠的阻隔、交通工具的落后，他们一直过着与世隔绝的生活。也正因为如此，他们保持了古朴的民风民俗和独特的传统生活方式及文化。研究达里雅布依人的婚俗文化，无疑对达里雅布依人整体文化的研究具有很重要的意义。

达里雅布依游牧民族生产、生活通常以家庭为单位，往往一个家庭占有一个牧场；地广人稀，户与户之间相距较远，由于交通不便，大家互相的来往和沟通不多，这样的生活方式限制了年轻人择偶对象的选择面。加之，人们平时交往的场合与机会十分有限，只有在节庆聚会的时候，才是择偶的最佳时机。一般这样的场合主要集中在肉孜节和古尔邦节两个主要节日上。还有这种择偶的时机还包括婚礼场合。婚礼既是两个新人结成新家庭的良辰吉日，也是来参加结婚典礼的未婚男女结识定情的好机会。

按照达里雅布依当地的习惯，孩子结婚之后，就应分家自立门户，组成新的小家庭。遵循传统生活方式，丈夫主外，妻子主内。在

[①] 阿依先·肉孜：《维吾尔族的节日文化与宗教》，《世界宗教文化》2009 年第 12 期，第 27—30 页。

当地儿子享有大约70%的财产继承权,女儿享有大约30%的财产继承权。由财产继承权的方式可以看得出,当地既不是一个传统的父系社会,也非母系社会。①

达里雅布依人有着悠久的历史文化底蕴和独特的风俗习惯,尤其表现在婚姻习俗方面。所以,我们可以通过达里雅布依人具有的民族性、地域性,分析和认识他们在特定历史条件、特殊生存环境和特色民族文化背景下形成的婚俗文化,并对他们的婚俗文化作初步的浅析探讨。

对于民族婚俗文化的研究,大部分研究学者看重田野调查信息资料的收集整理分类,把研究重点都放在对婚俗文化内容介绍和民族习俗的研究。我们试图从民族学的研究观点角度,结合民俗学已经有的资料和研究方法,探讨达里雅布依人婚俗文化表现的特征和文化特点,提出民俗文化与社会历史条件及自然环境的关系等问题。

一 恋爱文化

1. 早婚

达里雅布依人受伊斯兰教的影响,有早婚的习惯。从前教义规定男满12岁,女满9岁就算成人,可以婚配。达里雅布依人有一句俗语:"女孩子一皮帽子打不到就可以结婚。"女孩子十二三岁,男孩子十五六岁就允许结婚。他们认为女孩子到十四五岁还没有嫁出去,那就会给女孩子及其家庭带来社会舆论的压力。由于早婚,部分太小出嫁的女孩无法履行妻子的义务和承担生儿育女的责任。虽说中华人民共和国成立后,我国婚姻法对结婚年龄有了严格的规定,基本上废除了早婚习俗,但早婚现象在当地仍未从根本上杜绝。夫妻之间年龄差别大也是达里雅布依人婚姻中的一大特点。丈夫比妻子年龄大的占绝大多数。

2. 恋爱不自由

在达里雅布依乡无论是过去还是现在,年轻人几乎都没有恋爱的

---

① 颜秀萍:《新疆于田县达里雅布依乡婚姻家庭现状调查》,《新疆社会科学》2008年第5期,第110—117页。

自由，必须遵循"父母之命，媒妁之言"，才是一种崇尚和美德。这一方面是社会风俗使然，另一方面是由于当地特殊的地理环境与生活方式阻碍了年轻人的正常交往，受传统观念的影响，加之年龄偏小，使他们不得不听从父母的安排。①

达里雅布依人生活空间大，200多户人家分布在200多公里长、几十公里宽的地带，生产以家庭为单位，各自独占一片草场。有时一人独自到草场放牧，数月或数日不见其他人是常有的事。在这样广阔的空间内，加之交通的落后，人们平时极少有交际的场合与机会，大的集会只有婚礼和两个节日，即肉孜节和古尔邦节，这也成为大人们交流信息和为儿女寻亲觅友的最佳时机。父母如果看好谁家的子女，或父亲或请媒人去说亲，媒人一般都是男性，而非惯常意义上的"媒婆"。家庭经济条件往往成为择偶的首要条件。②

3. 近亲结婚

达里雅布依人最初渊源就是两大家族迁徙而来，因为争夺草场，一居河东，一居河西。他们的居住环境地广人稀，户与户之间又相距较远，交通不便，大家之间的来往和沟通不多，也限制了年轻人择偶对象选择面的狭窄，平时交往机会十分有限。也正因为这样，在达里雅布依择偶一般只能在本地域中选择配偶，近亲婚姻成为普遍现象。

近亲结婚与长期在一个封闭的小范围内通婚所导致的后果就是人口素质的不断下降。沿途经过人家虽然不多，但是屡遇身体残疾者、严重的大脑痴呆者、轻度的智障患者等先天的各类残疾者，尤其是智障患者屡见不鲜，基本上都是近亲结婚而导致的结果。③

现在，随着交通的不断改善以及与外面世界接触的增多，已有数名于田县其他乡镇的妇女嫁到达里雅布依。但毕竟还是很少数几个，无法从根本上解决问题。自从建乡以后，婚姻法开始实行，年青的一代从小接受现代教育，无论是生活观念还是思想意识都有所改变，加

---

① 颜秀萍：《新疆于田县达里雅布依乡婚姻家庭现状调查》，《新疆社会科学》2008年第5期，第110—117页。

② 同上。

③ 同上。

之政府的干预,近亲结婚的现象也在逐年减少。

4. 买卖婚姻

达里雅布依的传统婚姻本身具有买卖婚姻的因素。在传统婚俗中,聘礼多数是羊,直接体现了游牧社会的经济特征和物质生活条件。他们的婚姻并非建立在爱情的基础之上,完全是一种买卖式的婚姻。他们的婚配,不论年岁门户,主要视聘礼的多少而决定,这种聘礼数量的多少,完全由媒人从中往返磋商协定。①

在达里雅布依,订婚结婚礼金的多少是根据女孩子的各方面条件论定的。他们有句俗语:"美丽的姑娘值80匹骏马。"一个家庭只要能生养几个漂亮的女孩子就可以成为富人家。要谈婚论嫁就首先需要先交纳彩礼,才能见面言婚。送订婚礼金是需要男方先把给女方准备好的结婚礼金,如:衣服、被褥等送到女方家,加上给女方父母、兄弟姐妹等亲戚赠送的礼品,除此之外,最后还要给女方父母"喂奶费"等。由此可以看出,买卖婚姻在达里雅布依表现得比较普遍,也很直接。②

二 婚礼文化

在达里雅布依,婚礼是所有女人的节日,不管男人是否高兴,女人们都可以泪光涟涟地面对男人,男人们显得持重而大度,因为他们难得看到女人心灵的展示,沙漠中缺少这种温馨,这一切在平时是很难见到的。

在达里雅布依,新娘一般只是在提亲时见过新郎一面。未婚女子即使不戴面纱也是神秘的,她们要把这种神秘一直保留到婚礼。婚礼隆重而热烈,讲究礼节,处处体现着游牧维吾尔族婚俗所蕴含的民族文化内涵。其礼节甚多,极具特色。歌舞相伴、用毯子抬新娘、娶亲跨火堆等风俗。③

---

① 娜拉:《清末民国时期新疆游牧社会研究》,社会科学文献出版社2010年版。
② 同上。
③ 沈桥:《"真正的隐者"——克里雅人的婚礼》,http://hi.baidu.com/blog/item/c26b0bcbdea156f553664f51.html。

1. 婚礼前

结婚对于达里雅布依女孩来说是一件十分重要的事情。婚礼就是当地人最重要的节日，一旦有结婚的喜事，全乡的牧民都会尽量赶来参加。他们需要很早提前发"请柬"，"请柬"实际上是一张很简单的纸条，写上结婚人的名字和举行婚礼的地点，举办婚礼的时间和日期。由于家家间隔数十公里的距离，一般需要在结婚前20—30天就得将"请柬"发出去，再由邻居协助往下传，一户一户地传递出去。

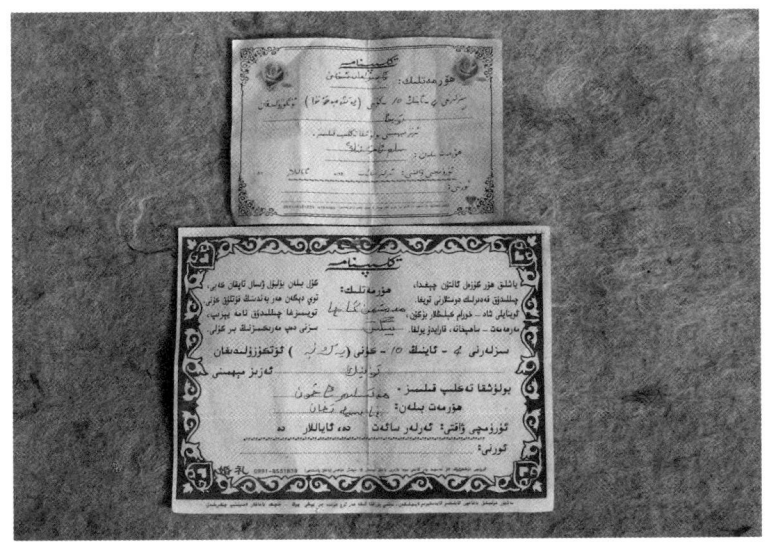

图4-1 新疆和田地区于田县达里雅布依人的结婚请帖（摄影：尚昌平）

婚礼前一天，大部分客人都必须到齐。在祝贺新娘和新郎新婚的前夜，平素相距遥远的达里雅布依人相聚一起，相互有意的人们也借机相亲。①

2. 婚礼仪式

达里雅布依人举办婚礼，由于距离遥远和交通不便，到贺的亲朋

---

① 尚昌平：《婚礼——达里雅博衣女人的节日》，《旅游》2005年第11期，第78—82页。

好友未必都能准时，再加上当天回去也是不可能的，因此，喜宴一般都需要连续办几天，乡亲们也要陆续在主人家住宿几天。一般婚礼最少要办3天，接待陆续前来祝贺的乡亲们。

我们从调研到的文字资料和实地调研采访和访谈中可以看出，在达里雅布依有三种婚礼仪式，现在多采用第三种仪式。

（1）在婚礼上，迎亲方和送亲方各组成50人的队伍，在双方距离30米处开始赛歌，谁赛输了就向对方跨进3步，直到双方队伍会合，新娘就交到新郎手里。一般来说，新郎总是心切，常故意赛输，以尽快将新娘揽入怀中。当地牧民遵从克里雅人的习俗，新娘在新婚的第一天不见任何人，待在新娘的闺房中，第二天才可以出去见人。①

（2）结婚当日，新娘梳妆打扮后，等待新郎的到来，新郎一到，双方各自派出德高望重的"说客"，举行说亲活动，新娘家"说客"夸赞新娘如何漂亮、能干，新郎家说客称赞新郎如何能干、多么有本事。经过一番说教之后，接下来会举行叼羊比赛。双方分别派出骑马好手进行比赛角逐。男方需要保证新郎在比赛中叼到羊才为胜利，砍下羊头，把羊头扔到女方家门前，表示勇敢的新郎永远愿意娶到新娘。这时候，女方父母如果同意，会将一条红绸带系到新郎所骑马的脖子上。最后，双方长者聚到一起，高唱赞歌，握手致敬，由新郎方承办喜宴加以款待，表示顺利成功完成结婚的第一阶段。②

第二天，新郎才可以正式骑马到新娘家来迎娶新娘，新娘会哭哭啼啼和新郎一起回到新郎家，最后由新郎揭开新娘盖头，完成结婚仪式。

新郎家婚礼仪式现场：四五间由树枝茅草搭起的棚子里挤满了人，其他客人聚集在附近的胡杨树之下。小伙子们在沙地上进行叼羊比赛；年轻的姑娘聚集在胡杨树下弹起冬不拉。婚姻仪式一般持续3—5天。这也为青年男女寻觅伴侣创造了有利条件，同时亲朋好友也在此时聚在一起互相倾诉家常。婚礼上没有烟酒，这是遵循伊斯兰教的风俗。所有贺喜的人聚在一起，共同庆祝，男女不同席。婚典一

---

① 奚婷：《探访克里雅河沙漠深处的新娘》，http://travel.sohu.com/20071103/n253044053.shtml。

② 同上。

第四章 达里雅布依人精神文化

般要持续3—5天,有的可持续一周时间。

(3)婚礼当天,新郎和新娘家都需要各自招待前来祝贺的客人,所有来的客人都会给新郎新娘送结婚礼品。婚宴比较简单,大约每三位客人享用一盘抓饭,一碗解腻的浓药茶。

中午时分,新郎带着浩浩荡荡的迎亲乐队高高兴兴地去新娘家娶亲。娶亲队伍到达新娘家后,首先新郎带来的乐手需要在新娘家附近沙地上弹琴歌唱。新娘家的女人们听着歌曲琴声,用炙热的沙烤大饼、茶水招待娶亲的客人。

这时,新娘的木屋里不时会传来新娘嘤嘤的抽泣声,同时也会有其他女人低声地吟唱,那是对新娘离家时的咏叹。歌词里镶嵌着新娘的名字,几乎近于直白式的安慰。这是一种传统的即兴吟唱形式,又是一种歌聊的形式,以歌叙事,平缓、伤感而悠远。与仡佬族和哈尼族等民族的"哭婚"习俗相类似。

图4-2 新疆和田地区于田县达里雅布依人姑娘出嫁哭婚(摄影:尚昌平)

这些长期被当作家庭支柱的女性,常年生活在塔克拉玛干沙漠深处，几乎让她们忘记自己也是女人，而且还是一个从天生丽质的少女走过来的女人，在这一天尤其表现得异常脆弱，泪水如破堤的河水冲溃情感的堤坝，淹没一户又一户人家，男人、孩子像是乘坐在无桨的独木舟上，在女人的泪流中漂荡得心慌，不知何处为家。无声的泪水是达里雅布依女人所固有的，男人无法破译。

人本来就是带着哭声来到这个世界，又带着哭声离开这个世界，来时的哭是高兴欢乐的哭，走时的哭是让亲人和周围的人伤心的哭。这两次截然不同的哭，是人生仅有的财富。而达里雅布依的女人还多了一次哭，在婚礼上的哭，是感激养育她们的河水，希望在这一次哭的同时释放生命中所有的不幸，让这寂寞的沙丘回应着、记录着。她们这次在婚礼上的哭啼也变成达里雅布依女人内心的宣泄，同时，她们也用哭来表达对自家的惜别之情。在达里雅布依，如果出嫁的女人不哭，就会认为是对父母的不爱，对家族的不亲，将被邻居们讥笑为品行不端。

下午5时开始（相当于北京时间下午3点），新娘家的女眷要为新娘进行梳妆打扮。到7时，开始迎娶新娘。婚礼由毛拉（有地位和身份的宗教人士）主持，在得到新郎新娘同意嫁娶的回答后，新郎的四个要好朋友用一块毛毯将新娘抬出房外，从火堆上抬过（以示吉祥喜庆，他们把火当作神圣爱情和亲情的象征），或者是伴娘搀着新娘要跳过门前的火堆，然后在娘家的房前屋后顺时针转三圈，完成出嫁前的告别仪式。当新娘被托举到马背上时，送亲的女眷们一般都会掩面抽泣。新娘在新郎母亲的陪同下到达男方家，或迎亲的人将新娘送到新郎家。①

居住在克里雅河两岸的达里雅布依人，姑娘一般都是从克里雅河的这边出嫁到河的那边，迎亲的人向克里雅河对岸走去，一群羊会尾随到河边，迎亲的人群蹚水过河，此时"关关雎鸠，在河之洲，窈窕淑女，君子好逑"的情景或许会在两千多年后达里雅布依历史中再现，但现实并不是那样浪漫。

---

① 尚昌平：《婚礼——达里雅博衣女人的节日》，《旅游》2005年第11期，第78—82页。

第四章　达里雅布依人精神文化

图4-3　新疆和田地区于田县达里雅布依人用毯子抬出娘家门的新娘（供图：王宗礼，摄影：李杨）

迎亲的队伍渡过河，在新郎家等候新娘到来的新郎家的亲戚和朋友，分列在河边，井然有序地列队等候新娘的到来（贺礼的物品整齐地摆放门前）。新娘到新郎家后，举行"揭盖头"仪式。婚礼的高潮无疑是揭开新娘的盖头。不过与其他地方不同，新娘的盖头不是由新郎揭开，而是由新郎的母亲当着满屋客人的面，用筷子揭掉新娘头上的盖头，而且要连揭三次。接着新郎与父母互送礼品，参加"揭盖头"仪式的每个客人也能得到一份礼物。[①]

按照当地的习俗，"揭盖头"结束后，新娘和新郎在结婚仪式上需要吃一块蘸着盐水的馕饼，寓意着他们将厮守一生，过不愁吃穿的幸福生活。据说，吃了这块馕饼会给这个家庭和自己带来好运气。因而，到场的客人们都会分得一块馕饼。吃完蘸着盐水的馕饼整个婚礼就算圆满结束。

[①] 尚昌平：《婚礼——达里雅博衣女人的节日》，《旅游》2005年第11期，第78—82页。

图4-4 新疆和田地区于田县达里雅布依人给新娘揭盖头（摄影：尚昌平）

图4-5 新疆和田地区于田县达里雅布依人婚俗——参加婚礼的客人吃蘸盐水馕饼（摄影：尚昌平）

三 生育文化

游牧维吾尔族（达里雅布依人）非常重视生育，他们认为生儿育女是人生的一项大事，不生孩子是人生的一大不幸，因此女孩子一旦结婚，都希望早日怀孕。如果不孕，就要想方设法寻求怀孕的办法，如：求医、朝拜或坐在多子妇女的胎盘上等求子习俗。女人一旦怀孕，和其他民族一样会受到特别的关心和爱护，不让干重活，注意饮食营养和休息。女人怀孕期间，还有其他的说法：担心孕期延长就不能吃骆驼肉；担心生的孩子嘴会像兔子嘴就不能吃兔子肉；怕婴儿倒着出生扫地时就不能从门口向里面扫；等等。

当女人的第一个孩子要出生时，临近生孩子前一周左右，孕妇需要回到娘家，在自己娘家生孩子，一般会由老年妇女接生。孩子出生40天后，父母会给女儿准备耳环、戒指及一套新衣服，举行"玉孜阿其库"（见世面）仪式。当然丈夫也要给妻子送新衣服等礼物表示祝贺。举行仪式后，妻子和孩子再回到婆家。由于当地医疗卫生设施较差，达里雅布依妇女的生育基本上得不到医护人员的协助与保护。

由于受宗教信仰的影响，在生育观念上，达里雅布依人流行的说法是"胡达给多少，要多少"。他们认为人的身体是胡达给的，就得接受胡达的旨意，他们认为随意堕胎、人工流产是对胡达的严重不尊，是对胡达权威和尊严的冒犯，因此，绝对禁止。他们认为，增添人口是家里的头等大事。[1]

第四节 达里雅布依人婚俗文化内涵

社会文化是一个有机整体，其中一部分的变迁，必然引起整体相关部分的联动。物质文化的发展决定着非物质文化，即价值观、生活规范、人生意义、社会结构等。

---

[1] 周亚成：《维吾尔族妇女婚姻家庭生活及其变迁》，《西北民族研究》2003年第2期，第147—154页；司光南：《新疆维吾尔族生育状况与生育观念的发展演变》，《社会科学论坛》2010年第20期，第197—201页。

婚俗文化与生产力发展水平相适应,说明了婚俗文化的演变,乃以社会生产力发展为动力。任何婚姻形态、婚俗文化,都是社会发展的一个缩影,达里雅布依人婚俗文化也充分说明了这一点。

一 达里雅布依人婚俗文化与沙漠生态环境的关系

最初达里雅布依人两大家族之间因为争夺草场,一居河东,一居河西。四百多年来一直在沙漠腹地过着半游牧半定居的生活。他们在适应和改造环境的同时,保持了原有传统礼仪文化的传承,并在新的环境下创造叙写出了属于自己的民族文化内涵。

在达里雅布依人生活的自然环境下,自然条件和生产生活方式的独特性使得他们在婚礼婚俗方面与其他民族不同。封闭的自然条件和"沙漠腹地"的游牧生活使得他们与外界接触相对很少,从而他们的婚俗文化在世代之间维持着一定的传承性。

由于达里雅布依人特殊的地理位置和闭塞的、分散的生活环境,年轻人之间的交流较少,加上经济原因,不好找对象,导致近亲结婚和适龄青年结婚难的情况比较普遍。也正是由于自然环境的限制,以前都只是家族内部或与后迁入者通婚,相互之间并无姻亲关系。后随着放牧场所的延展,人口的增多,往来关系的密切,家族之间开始互相通婚。[①]

当然,达里雅布依人的婚俗文化与自然环境之间的关系,也会受到其他诸多因素的影响,还有受到他们的活动和民族间的相互影响。作为民族文化棱角的婚俗文化,同样也是与生态环境、自然环境有着密不可分的关系。

从以上可以看出,达里雅布依人的婚俗文化在各种程度上体现着与民风民俗、生态环境和自然环境的密切相关性。总之,达里雅布依人的婚俗文化的形成与他们所生活的地理环境和生产生活方式息息相关,达里雅布依人主要从事放牧生活,他们的婚俗文化与行为,表现

---

① 颜秀萍:《新疆于田县达里雅布依乡婚姻家庭现状调查》,《新疆社会科学》2008年第5期,第110—117页。

出来的就是文化的封闭性,在区域结构上表现为地域性和生态性。

达里雅布依人的婚俗文化受他们特定的自然地理环境、生存条件、基础设施等因素的影响,在长期的实践中充分发挥主观能动性创造出来的物质文化和精神文化,与政治、经济、宗教、文化密切相关,植根于达里雅布依沙漠腹地自然环境和历史文化的土壤,凝结着达里雅布依人文化乃至中华传统文化的精神和特质。

一个民族的文化从不同角度反映着这个民族的血统、经济历史、生存环境等,成为民族传统中不可分割的一部分。说到底,达里雅布依人的一切都与他们的生活环境和生存方式有着生生相息的亲密关系,游牧式的生产、生活方式传承并创新了这些独具特色的民族文化,形成二者之间的互动关系。所以,达里雅布依人的婚俗文化与他们所依存的沙漠腹地生态环境是相互影响相互促进的关系。

二 达里雅布依人婚俗文化内在的经济性与外在的政治性

达里雅布依人婚俗文化深层次的特点之一,是与中国古代婚俗文化特点相吻合,以财富为条件的经济性。正如恩格斯所说:"当父权制和专偶制随着私有财产的分量超过共同财产以及随着对继承权的关切而占了统治地位的时候,结婚便更加依赖经济上的考虑为转移了。"人类婚姻"无论是从生理角度,还是从社会角度上看,都有某种交换存在,包括情感、生理、经济、政治、文化等各种交换,这也就决定了交换价值能够在婚姻择偶中起稳定的协调作用"。男女双方在选择配偶时,大多考虑双方家庭财产多寡,门当户对。西汉陈平家境贫寒,向富人求婚屡遭拒绝,但又不愿娶贫穷之家的女子为妻,最后娶"五嫁而夫辄死"的阳武户牖富人张负孙女,东汉家财万贯的郭举与自己财产相当的窦宪结亲。王充评价当时婚姻时说:"富贵之男娶得富贵之妻,女亦得富贵之男。"此后,婚姻论财之风愈演愈烈,宋代"娶其妻不顾门户,直求资财"。清人赵翼谈及古代婚姻时说:"凡婚嫁无不以财币为事,争多竞少,恬不为怪。"[1]

---

[1] 张邦建:《中国古代婚俗文化特点述论》,《学术界》1999年第6期,第74—79页。

在达里雅布依，儿子具有大约70%的财产继承权，女儿享有大约30%的财产继承权。例如：托合逊一家在达里雅布依乡无论在财产上还是在权势上都占有优势，八个孩子中除老八因有智力障碍经济较为贫困外，其他家庭经济情况都较好。老四是当地富裕家庭之一，年收入3万元左右；老二买买提·吐尔逊是清真寺的阿訇，是当地唯一的阿訇和拥有"阿吉"称号的人（只有到伊斯兰圣地麦加去朝拜过的人才能被称为阿吉，同时这也需要一定的财产支持），享有极高的声誉与威望。这一家族内的表兄弟姐妹婚姻成为优先婚，与他们拥有的这份财产和地位是密不可分的，相互之间的联姻使他们的财产仍保留在家族内，也使这一家族在当地更加显赫。20年前的平等已不复存在，如今贫富差距越来越大，如果不是婚姻法的限制与政府的干涉，这种近亲结婚会愈演愈烈，人口素质也将愈加令人担忧。[①]

家庭经济条件往往成为择偶的首要条件，这一点可以从托合逊·巴热克一家的婚姻状况得到充分的说明。

从颜秀萍的论文《新疆于田县达里雅布依乡婚姻家庭现状调查》中可窥见一斑（见表4-3）。

表4-3　　　　　　　　托合逊·巴热克一家的婚姻状况

祖父母辈	父母辈	孩子辈	备注
祖父：托合逊·巴热克86岁，已去世；祖母：赛乌孜罕·若孜（台克家族）	老大：买提库尔班（1945年生）	6个孩子 4男2女	其中三儿子买斯迪克娶的是老三买买提明的女儿，四儿子娶的是老四达曼的女儿
	老二：买买提·吐尔逊（1953年生）妻子：依再甫罕（1960年生）	6个孩子 3男3女	大儿子艾山娶的是老大买提库尔班的女儿，因难产死亡，现打算娶老六热依木罕的女儿，被婚姻法阻止
	老三：买买提明（1956年生）妻子：库瓦罕（1964年生）	8个孩子 4男4女	大儿子阿卜杜拉的前妻是老六热依木罕的女儿，离婚后又娶的是老二买迪孙的女儿

---

① 颜秀萍：《新疆于田县达里雅布依乡婚姻家庭现状调查》，《新疆社会科学》2008年第5期，第110—117页。

续表

祖父母辈	父母辈	孩子辈	备注
祖父：托合逊·巴热克86岁，已去世；祖母：赛乌孜罕·若孜（台克家族）	老四：达曼（1958年生） 妻子：依妮甫罕（1961年生）	6个孩子 4男2女	
	老五：尼亚孜罕（46岁左右）	自己有4个孩子 丈夫带来2个	
	老六：热依姆罕（44岁左右） 丈夫：巴吾东卡斯木	自己有一个女儿 收养了2个孩子	
	老七：海且姆罕（1963年生） 丈夫：阿依地哈勒克·依明（1937年生）	4个孩子 2儿2女	
	老八：穆泰里甫（1966年生） 妻子：布依提罕（1973年生）	4个孩子 1男3女	

注：仅是实地调研文献材料中了解到的信息，未一一与当事人核实。

从表4-3我们可看出，老大和老二、老三、老四都有姻亲关系；老二和老大、老三、老六有姻亲关系；老三和老大、老二、老六有姻亲关系。它不仅有父方平表兄弟姐妹婚，还有母方交表兄弟姐妹婚。这一家族内的表兄弟姐妹婚姻成为优先婚，是与他们拥有的这份财产密不可分的，相互之间的联姻使他们的财产仍保留在家族内，也使这一家族在当地更加显赫。[①] 达里雅布依人婚俗文化内在的经济性体现得淋漓尽致。婚姻与财产继嗣密切相关，同时这也需要一定的财产支持，享有极高的声誉与威望。

从古到今，人们的思想观念和对物质的享受欲望，尤其是在中国，想打破"门当户对"谈何容易。更何况是在沙漠腹地的达里雅布依人。所以在他们的婚俗文化中体现出来的内在经济性就很能理解。

值得关注的是，达里雅布依人婚姻还体现在与外在的政治性，政府也借助婚礼仪式来宣扬政策。在婚礼仪式上，乡领导也会利用这一机会传达上级的方针政策，安排日后的农牧业发展。可以看出，沙漠

---

① 颜秀萍：《新疆于田县达里雅布依乡婚姻家庭现状调查》，《新疆社会科学》2008年第5期，第110—117页。

腹地达里雅布依人的婚礼不仅具有传统意义的民俗仪式功能，还具有政治意义上的舆论宣传、政策下达、指令传播等功能。①

三 达里雅布依人对离婚的认定

达里雅布依人在现实社会生活中社交缺乏、联系较少。虽然女人在家庭中起着举足轻重的作用，但女人的地位并不高，女人一生的命运都受到男人的主宰。在这里，只要丈夫对妻子摔三次帽子，这段婚姻就自动宣告结束，其后两人可自由选择新的配偶。妻子可带走当初陪嫁的财产，孩子的归属由夫妻商量而定。

在对当地离婚状况的调查过程中，原乡党委书记王宗礼介绍说，当地的离婚率比于田县其他地方要高。离婚的主要原因是夫妻不和，或夫妻双方的父母有矛盾。据一位在当地教了六年书的教师说，当地的离婚率很高，离婚现象很普遍，离婚率比较高。我们在调查中还了解到，有一个家庭有六个兄弟姐妹，其中四个有再婚的历史，再婚的原因，一是配偶死亡，另一方再婚；二是女方不能生育或生育的孩子不能成活或生育的孩子有残疾，男方提出离婚后再婚。还有，就是感情不和、父母之间有矛盾等原因而离婚。②

究其离婚原因，除为了人类社会正常的繁衍发展和生老病死等自然因素而离婚、再婚外，还有就是人类的特殊的感情需要和道德情操标准需要等人为因素所导致的离婚，这大致有多种情况。

离婚率高的首要原因可能与当地的文化习俗有关系。史料上对维吾尔族人的婚姻记载："夫妇不合，即可离婚。"可见，当地对于离婚的容忍度应该是有较大的空间。他们对于离婚的宽容、对于重组家庭的认可、对于家庭关系网络的依赖性较低等多方面原因使高离婚成为可能。人们对于离婚并未像其他民族同胞会产生心理影响。离婚之后，丈夫也不需要承担太大的压力和责任。在对待离婚的看法中，我

---

① 尚昌平：《婚礼——达里雅博衣女人的节日》，《旅游》2005年第11期，第78—82页。

② 颜秀萍：《新疆于田县达里雅布依乡婚姻家庭现状调查》，《新疆社会科学》2008年第5期，第110—117页。

们可以看到基于生活方式的不同、地理环境的不同所产生的对于婚姻制度、文化认识方面的不同。①

离婚的另外一个原因,在于当地人普遍存在的早婚现象。由于这种早婚的夫妇双方即便在结婚之后也可能没有较为独立的家庭组合能力,因为这种家庭往往是由父母所干预、包办组建起来的,因而双方婚姻的前几年都是由双方父母所制约。如果双方父母家庭产生纠纷与矛盾,那么,父母往往将矛盾转嫁给新家庭,强制使用家长的意志行事,这可能造成婚姻的破裂和新组建家庭的瓦解。②

婚外恋而导致的离婚。这里的婚外恋与我们通常意义上的婚外恋有一些区别,这里人们的性行为相对比较开放,少受约束,人们不会因为婚外性行为而离婚,其主要原因是在达里雅布依乡存在较为严重的人口比例失调。据2002年的人口统计显示,男女性别比例是121∶100。这就意味着有20%多的成年男性将独守一生。而在这地广人稀与世隔绝的偏远大漠中,没有社区,没有集会,没有娱乐,家庭对人的重要性无疑显得更为突出。

还有双方因性格不合、感情不和导致的离婚。这里家庭暴力事件并不多见,男人打老婆的事情较少发生,通常是好合好散。因一方懒惰,缺少责任感而导致另一方提出离婚等多种原因。

总而言之,与其他民族不同的是,"定居"在该地的人心中可能并无深刻认识。社会婚姻巩固的前提条件之一即是婚姻有助于氏族、宗族社区、社群的稳定和整合,这种整合在农业社会里被看作必然的现象。由于婚姻对于社会组织所具有的稳定性作用,导致了婚姻的破裂被认为是对社会整体稳定的破坏,因为在传统的伦理道德观念之中,离婚被认为是不忠、不孝的行为。值得注意的是,离婚在以农耕为主要生产方式的汉人社会中也可能被看成对家庭祖先伟业的背叛。因而,在汉人社会中,婚姻是一种道德行为。在传统的游牧社会中,婚姻是否关注与社会整合的道德,这是需要值得考虑的一个问题。且

---

① 颜秀萍:《新疆于田县达里雅布依乡婚姻家庭现状调查》,《新疆社会科学》2008年第5期,第110—117页。
② 同上。

在该地是否存在祖先崇拜，也是一个需要考虑的问题。或许是因为当地整合方式十分薄弱的缘故，导致了对婚姻与道德关系可能只是若即若离。对于汉人社会而言，产生祖先崇拜的一个重要前提是"祖先"的多样性与比较性。多样性是就祖先的数量而言，汉人社会的多姓氏保证了各家各户都有祖先，其数量繁多；而比较性是就数量多的祖先难免需要比较，而比较往往产生了道德层面的优越感与羞耻感。在达里雅布依，祖先只有两个。当地流传的说法认为，当地所有居民都是亲戚。因而，离婚在道德层面上可能并无羞耻可言，也不会产生对于祖先的不敬感。①

四 达里雅布依人重礼轻爱、男尊女卑的婚俗价值观

达里雅布依传统的习俗规定未举行婚礼的未婚男女不得单独相处。新娘与新郎在达成结婚意向之前不见面，直到男方提亲时才能见上一面。他们认为未婚男女单独相处是有违伦理道德的，婚前纯真是保证婚姻成功和维系婚姻最起码的条件。

达里雅布依人传统的家庭财产继承制对保证家庭关系的稳定、生产生活的正常进行具有一定的积极意义。与游牧社会的继承制度和性别关系模式相应，达里雅布依人在居住方式上自然表现为"从夫居"。

由于达里雅布依人普遍积淀着浓厚的宗教人伦关系，因而家庭关系、财产继承制度中，实行严格的父系家长制，男性家长为一家之主，在生产和生活中占据着全权的主导地位，女性几乎没有权力和地位，只是承担着全部的家务劳动，地位相对低下。在家庭结构中，祖父辈具有最高的权力，妻子必须服从丈夫，子女也无权反对父母亲的旨意，儿媳的地位最低。与丈夫结婚两三年时间的媳妇都不能与公公和比自己丈夫年纪大的客人见面，看见必须躲避。在他们的传统观念中重礼轻爱、男尊女卑成为必然。②

---

① 买托合提·居来提：《沙漠绿洲——于田县达里雅布依》，《和田师范专科学校学报》2010年第3期，第31—32页。
② 颜秀萍：《新疆于田县达里雅布依乡婚姻家庭现状调查》，《新疆社会科学》2008年第5期，第110—117页。

综上所述，独具维吾尔民族特色的达里雅布依人的婚俗文化，是他们在漫长的生产生活中逐渐凝练而成的宝贵财富和资源。他们的生存条件对他们的婚俗文化起着重要的作用。他们的婚俗文化是达里雅布依人民族文化中的一个重要组成部分。

达里雅布依人的婚俗文化，不单是文化习俗的问题，而且是这一地域社会历史状况的反映和写照。了解和研究达里雅布依人婚俗文化非常有利于促进中华民族精神文明的建设。通过我们的分析研究可以得出，达里雅布依人把游牧生活方式带入沙漠深处，并能繁衍生息至今，通过数百年的历史发展，实践进一步证明了人类社会依赖自然环境生存的可能性和创造性，物质文明与精神文明的相对性。

第五节　达里雅布依人丧葬文化

一　丧葬文化概说

丧葬是人生最后一项礼仪活动，在这项活动中的文化与地域性民族生活相关联的民俗文化构成民族文化的一个结合体——丧葬文化。[①]丧葬形式就其葬法来说，有土葬、火葬、水葬、树葬、风葬、崖葬、塔葬、悬棺葬等；以葬具分：有木棺葬、土棺葬、石棺葬、船棺葬等；以葬式分，又可分为坐葬、竖葬、屈肢葬等。

陈贵领在《〈红楼梦〉与丧葬文化》一文中对于丧葬文化的历史记载有较为详尽的描述：

> 丧葬活动是极富特色的一种文化现象。丧葬作为民俗的分支，是文化的载体。正因为人的生老病死几乎渗透到人类社会生活的方方面面，所以丧葬这种文化载体早在先秦时期就出现在了文学作品之中，有的甚至成了千古绝唱。《诗经·秦风·黄鸟》一诗曰："临其穴，惴惴其栗。彼苍者天，歼我良人！"诗人用朴素悲愤的语言，描述了悲惨的殉葬场面，表达了对野蛮殉人制度

[①] 陈玉文：《我国丧葬文化浅论》，《黑龙江氏族丛刊》1993年第4期，第78—87页。

的极端愤慨。《王风·大车》曰："谷则异室，死则同穴。谓予不信，有如皎日。"从中可知周代已有了死后合葬的风俗。汉乐府中的《薤露歌》和《蒿里曲》又都是有名的挽歌，由挽郎送葬时歌唱，表达对死者的哀悼之情。挽歌后来演变成挽词、挽联。晋陶渊明的《挽歌诗》脍炙人口，流传千古。唐宋时期我国文坛空前活跃，文学名家之作大多涉及丧葬礼仪内容。唐宋八大家中，韩愈、欧阳修、苏轼、王安石俱以志铭见长。如韩愈的《柳子厚墓志铭》、《南阳樊绍述墓志铭》，王安石的《王逢原墓志铭》均为古今墓志铭中的上乘之作。同时韩愈的《祭十二郎文》堪为祭文中的千年绝调，读来回肠荡气、凄楚动人。北宋欧阳修的《泷冈阡表》又是墓表中的名篇。有关扫墓的记载，元朝萨都剌有诗为证："逆风吹河河倒行，阻风时节近清明，南人北上俱上冢，桃花杏花飞满城。"清代曹寅的《西轩赋送南村还乡》诗之二亦云："连镳双使节，上冢一回车。"作为市井风俗画的小说对丧葬文化的描写比古诗文更为丰富多彩。《三国演义》中有刘备为关羽举行的招魂；诸葛亮之柴桑吊孝，更在历史上传为佳话。而《金瓶梅》反映的丧葬内容更是不胜枚举。[①]

二 达里雅布依人丧葬

就葬礼这项活动而言，各民族地区都有自己独特的风俗，其程序和活动的每一环节所包含的内容有很大的差别。但是作为丧葬礼仪的主题都基本相同。游牧维吾尔族达里雅布依人在形成和发展过程中信奉的伊斯兰教教义一直占统治地位，成为全民信仰的宗教，伊斯兰教不仅影响、制约他们的生活方式，其葬礼也遵循了伊斯兰教的教规和传统，盛行"土葬"。

游牧维吾尔族牧民达里雅布依人的丧葬习俗均受伊斯兰教教义的影响。他们的丧葬制度是由维吾尔族穆斯林对待死亡的观念决定的，是经过长期的发展变化形成的。伊斯兰教的教义和丧葬习俗对

---

① 陈贵领：《〈红楼梦〉与丧葬文化》，《名作欣赏》2006年第11期，第8—10页。

维吾尔族丧葬制度的形成起了决定性作用。维吾尔族穆斯林的丧葬习俗包括哭丧、报丧、洗尸、亡礼、埋葬仪式、服丧等一系列程序。① 达里雅布依人的丧葬习俗与维吾尔族穆斯林的丧葬习俗大体相同又有所差别。

游牧维吾尔族达里雅布依人的丧葬习俗与维吾尔族的不同也是由他们的生活环境决定。比如，他们的"土葬"确切地说应该是"沙葬"或者说是"胡杨根葬"，沙漠腹地唯一能适合生存的树木——胡杨，绝对是他们的密友。他们用胡杨做房屋的梁柱，用胡杨树枝建房、做围栏，把胡杨木从中剖开做门，用胡杨枝生火做饭，把树叶当作牲畜饲料，人死后用胡杨树剖开当棺木。在沙漠腹地的环境里，只有漫天遍地的沙子，他们也只有寻找合适的沙包地形或胡杨树根部来作为他们安葬亲人的墓穴。所以，"土葬"在达里雅布依成了别样特殊的"土葬"。

虽说在达里雅布依与维吾尔族一样丧葬也提倡速葬，但是在达里雅布依还是没有于田县城人死后不到一天就有可能进行葬礼这么快，因为他们首先要做的第一件事是用胡杨树做一个"灵床"，当地人称"空台"。做"灵床"，首先选一棵比较大的胡杨树，然后由几个人把胡杨树砍伐，砍伐以后在胡杨木中间做一个可以放亡人遗体的洞，做成这样的"灵床"最少需要一天。他们还需请阿訇主持诵经，亲属要与亡人做最后的告别祈祷，然后将亡人的遗体放入"灵床"。随后送到清真寺举行殡礼。②

关于"灵床"维吾尔语称为"哲纳则"，其来历民间流传着这样一个传说，"祖先们认为大地的四周都是水，天也是无边的海洋，死者只有越过这水才能升天，否则灵魂将变成鬼魂留在地下"。因此，他们用胡杨木做成小船式棺木，死者靠小船来升天。后来找不到大胡杨木就用一些小木板做成灵床，维吾尔语称为"哲纳则"下葬。这

---

① 开赛尔·库尔班：《维吾尔族的丧葬文化》，《中国民族》2008 年第 5 期，第 45—45 页。
② 买托合提·居来提：《新疆于田克里雅人社会习俗变迁研究——以达里雅博依乡为例》，西南大学，硕士学位论文，2011 年。

个传说说明用胡杨木椁台下葬比其他用木质椁台下葬的习俗要早。伊斯兰教禁止用棺材下葬，但这种胡杨木椁台只起到内部墓穴的作用，遗体直接放在墓穴的地面上，上面盖着胡杨木椁台，这种习俗没有被伊斯兰教禁止。根据传说在伊斯兰战争年代伊斯兰圣战徒的遗体"埋体"也葬在了沙地和盐碱地里。从于田县阿热西墓地出土的尸骨也可以看出使用了相同方法。[1]

在达里雅布依，一般情况下，葬礼结束后，人过世后的第三天、第七天、第二十天、第四十天和周年举行"乃孜尔"（为阿拉伯语"Nazr"的音译），是为纪念亡人举行的仪式。需要邀请阿訇来家诵经举行吃葬饭的活动。过"乃孜尔"一般要邀请亲属、好朋友和邻里一起过。这里葬礼的当天和第三天，克里稚人称"怕啦"（para）的"乃孜尔"，与于田县城不一样，在这里，从死后第四十天和周年过得比较隆重。[2]

在达里雅布依，家里有亡人三天不做饭，而由邻居、亲朋好友做好饭送过来，来自远近的吊客和送饭人络绎不绝，在此过程中邻居们起到非常重要的作用。[3]

达里雅布依人的丧葬是传承伊斯兰教的教义和丧葬习俗，在丧葬习俗的形成过程中，伊斯兰教义的影响深远，有些情况还起到了决定性的作用。一般来说，逝者的家属和亲友在亲人过世后要迅速和及时告知亲人，并采取最快的途径通知住居相对较远的亲友，以便让亲友们尽早知道此事。达里雅布依人通常实行速葬，也就是亲人死后，要求尽快地安排安葬事宜，让遗体停放在家中和清真寺中的时间尽可能的短。一般情况下，如果早晨去世则可以在黄昏（晡时）之时埋葬；如果晚上或夜间死去，则要在第二天清晨就安排埋葬，尽量不要多过夜。假如有特殊情况或死者的直系亲属未能及时赶到，那么可以等待一两天。若死者的直系亲属（如父母、子女等）在外，相距距离较

---

[1] 买托合提·居来提：《新疆于田克里雅人社会习俗变迁研究——以达里雅博依乡为例》，西南大学，硕士学位论文，2011年。
[2] 同上。
[3] 同上。

远，无法赶到时，那么葬礼也就按照习俗，不再等待，待直系亲属回家后，在死者的坟墓前进行祭奠，并净身替死者祈祷赎罪（年龄小的孩子一般不需要进行赎罪）。①

三 达里雅布依人丧葬仪式

1. 临终前

游牧维吾尔族牧民达里雅布依人的丧葬仪式和习俗一般也依照伊斯兰教规的要求和程序进行。具体情况是当死者临终前，直系亲人都尽量赶到进行告别，举行"都瓦"告别仪式，亲人在死者身边接受遗嘱，领受死者的遗愿。

达里雅布依人信奉"寿终正寝"。由于特殊的地缘因素，患者一般尽量在临终前都在自己的家中。假如因病需要进医院，一般情况下在患者医治无望时，他们都会尽快选择回到家中，而不愿死在外边；若有人突然在外地去世，按照当地的习俗家属也要尽量把死者的遗体运回家乡，然后按照当地的习俗进行埋葬。

人去世后，在给死者洗尸前，要将死者仰身放置在洗尸的物体上，按照伊斯兰教义的要求，其面部要朝西（麦加圣地）安放，洗尸时要用干净的白布予以遮拦，尽量使死者的口和双眼紧闭，若口无法紧闭时要用布条绑住死者下颚，以防水进入死者的口里和眼中，这样也会使人感觉死者是安详地离开人世。洗尸完后，死者亲人都会失声痛哭，以表达与死者的离别之情。居住较近的邻居听到悲伤的哭声后，也会立马前来悼念，安慰其家人。

按照当地的习俗，每来一拨吊唁死者的亲朋好友，守灵的亲人就陪同吊唁者一起痛哭。达里雅布依人哭丧的词语和内容没有统一的格式和范本，由人们即兴发挥，进行自编。内容主要是哭丧者颂唱死者生前的美德和品行，印象深刻的人和事，缅怀与死者的离别之情，表达对失去亲人的悲痛心情等。死者的近亲好友们要用白布系在腰间，

---

① 刘东英：《试论维吾尔族丧葬习俗中的生态伦理思想》，《民族论坛》2012 年第 2 期，第 90—94 页。

女人除要穿黑色长裙筒服或白色长裙等民族礼服,腰系白布外,还应在头上披白盖头。

按照传统习俗,死者葬前要先净身(洗尸),然后再将遗体装入"灵床",抬到清真寺请阿訇进行诵经和祈祷,亲属要站在门口迎送吊唁者。如果家与清真寺比较远时,也就在家中进行诵经和祈祷。期间,死者亲属要为其选择墓地,组织人员挖掘墓穴,待所有议程和程序都安排妥当后,然后再将遗体送墓地进行安葬。

2. 洗尸

达里雅布依人去世后,入葬前需要进行洗尸仪式,死者亲属一般邀请专业的人员为死者净身,或请清真寺的买僧和一两位年长者为死者净身,假若死者是女性,则要请年长的妇女或布维来为死者净身。除有专业的洗尸人员外,洗尸现场也可有死者家族中有声望者一并参加,共同为死者净身。洗尸前要对尸体进行检查,要对死者进行理发,剔除其体毛,让死者干干净净地离开人世。洗尸时死者家属要在腰上缠一块白布,女性还须另戴白色头巾(一般情况下,亲人去世后,女性不可穿红色和鲜艳颜色的衣服,7日内必须穿白色裙子或衣服)。净身时,主要用清水进行洗涤,另外可用香料和樟脑等涂抹,以便洗得干净一些。洗尸次数以奇数为佳,一般洗3次。洗尸的顺序一般从右边小净位置开始,然后再逐步展开,最后再洗脸部和头部,全部洗涤完后可给死者全身涂上樟脑油。按照当地习俗,洗尸时其他人不得随意进入。尸体洗净之后,要用新白布将遗体缠裹起来(男性尸布一般为3块,女性一般是5块),最后一块用来捆绑两大腿和臀部;男的缠三层,女的缠四层。

清洗死者遗体时,要用长2米,宽0.7—0.9米具有透水性的床,以便清洗遗体用的水全部漏到床底下的大盆里。无论冬天或夏天,洗遗体一定要用热水。阿布德斯(小净)完毕后,要用白布缠裹遗体,伊斯兰教义规定人死后不穿寿衣。用白布裹尸体之前,要在死者的额头、鼻子、手掌、胳膊肘、膝盖、脚趾头均撒上卡拍尔,这是一种防腐作用的药物,用于器官的防腐。然后在遗体周围放置玫瑰花瓣、罗勒、龙涎香等自然香料。①

3. 葬服

至于葬服（死者穿的衣服），由于伊斯兰教对此有严格的规定和统一的标准，因此在维吾尔族当中对葬服也遵循了该教派的要求，禁忌给亡人穿衣服及佩戴饰物。在世界各地信仰伊斯兰教的人群中，人死后大多要在清真寺净洗，裹上写有《古兰经》经文的白布，有钱人则用白缎子裹身，埋入墓穴。达里雅布依人在这一点上和维吾尔族一样遵循该教派的要求。②

他们葬服的最大特点就是全身被盖，禁止穿紧身、无袖、颜色鲜艳以及超短的服饰。此外在葬礼上禁止穿新衣服。维吾尔族民间普遍认为新衣服代表喜庆。维吾尔族丧葬服饰的颜色以白、黑为主。穿戴白色丧服与古代拜火教和摩尼教有关。摩尼教认为白色象征着光芒，丧服用白色自然体现了对祖先的崇敬。而黑色代表庄严，表示对去世人的一种尊敬。

4. 亡礼

净身后，要将遗体抬到清真寺做殡礼（即诵经和祈祷）。殡礼在清真寺或其他可以礼拜之地举行。由于达里雅布依人居住比较分散，有些住户距离清真寺比较远，殡礼也可在坟地举行。遗体在送到墓地之前，家属对送葬的女性，则要准备好梳子、针线和树胶（女性梳头用），由于女性一般不送葬到墓地，因此，要在遗体送往墓地之前发放。另外，要为送葬的男人准备钱、火柴盒和馕等物品，在墓地发放给送葬的人们，表示生者与死者财物与恩怨的了结。

5. 安葬

安葬墓地选址一般选在地势相对较高，干燥不易返碱的地方，房前屋后和耕地周围一般不作为墓地，墓地一般要远离居住区，并且要交通便利，视野比较宽敞的地带。"墓地"维语就是"马扎"（是阿

---

① 买托合提·居来提：《新疆于田克里雅人社会习俗变迁研究——以达里雅博依乡为例》，西南大学，硕士学位论文，2011年。
② 艾山江·阿不力孜：《维吾尔族服饰文化研究》，新疆大学，博士学位论文，2004年。

拉伯文的译音，意为"圣地""怪徒幕"，主要指伊斯兰教显贵的陵墓或墓地）。但由于达里雅布依特殊的地理条件，他们的墓地一般不是十分集中。

如果死者是异乡人或没有亲友者，则由常去清真寺的穆斯林信徒负责其后事。如果有人客死他乡，其亲友则须将死者的尸体或尸骨运回故乡埋葬或迁葬。如果有人已经葬在了外乡，即使若干年后，其亲人也要将其坟前的土带回故乡，埋在家族墓地里，谓之"安葬坟土"①。

达里雅布依人的墓穴一般是宽 2—3 米，长 4—5 米，深 1—1.5 米的四方形土坑。把胡杨木控台放进墓穴。胡杨木控台呈槽状，一端实，一端空，实的那一端可捆绳子，实的一端作为头部向着北方，放入墓穴。胡杨木控台放入墓穴后才把亡人的遗体"埋体"抬出来，从胡杨木控台掏空了的那一端把亡人的遗体"埋体"放入胡杨木控台。然后把胡杨木控台上的洞用黏土和成泥堵死，胡杨木控台的那一头用胡杨木板堵住后用黏土和成泥堵死，完成了以上步骤后就把胡杨控台埋了，最后立杆堆土。②

达里雅布依与其他维吾尔穆斯林墓穴的不同之处在于不修耳室，尸体放于竖室并且用胡杨木裹盖其上，然后用沙土填埋。

6. 服孝

送葬时，近亲男子头戴缠白纱布的黑色帽子，系白腰带，女子也要系白腰带，戴白盖头，穿白色的长裙直到为死者举行去世后第七天的"乃孜尔"为止。③

葬礼结束后，死者家人要在死者遗体曾经停放的屋子点燃灯火，持续 3 天或 7 天昼夜保持不灭，表示对"逝者"的怀念。送葬第二

---

① 刘东英：《试论维吾尔族丧葬习俗中的生态伦理思想》，《民族论坛》2012 年第 2 期，第 90—95 页。
② 买托合提·居来提：《新疆于田克里雅人社会习俗变迁研究——以达里雅博依乡为例》，西南大学，硕士学位论文，2011 年。
③ 艾山江·阿不力孜：《维吾尔族服饰文化研究》，新疆大学，博士学位论文，2004 年。

天晨礼后，死者家人要前往墓地念经做祷告。按照维吾尔族习俗，"逝者"家人一般要服丧40天，以表示对逝者的哀思。"逝者"家人要在葬礼结束后的第三天、第七天、第四十天和周年举行"乃孜尔"（祭事），以示对逝者的缅怀和哀悼。①

如死者为家长或长辈，家属则必须服孝七天，有时这个时期还会延长到四十天甚至是一年。

在服孝期间，直到死者去世后第四十天为止，主要服孝者不理发，不梳头，忌参加娱乐活动，保持沉重的状态，忌佩戴各种首饰，等第四十天的"乃孜尔"（祭礼）仪式举行完之后，主要服孝者和直属亲戚之间互相赠送一块布料，以表示对死者的服丧期结束。自此之后，男女服孝者就能与往常一样理发剃须，穿戴平时服装，结束特殊阶段，恢复正常生活。

四 达里雅布依人丧葬特点

1. 速葬

达里雅布依人信奉伊斯兰教，他们的丧葬越快越好，也许这与伊斯兰教教规有着紧密的联系。伊斯兰教法规定：亡人三日之内必葬，不择时日，不问风水，就地而葬。倘若是在旅途或他乡亡故，就在旅所择地而葬。这正所谓"亡人奔土如奔金"。伊斯兰教法禁止亡者亲友载运遗体辗转千里。若人为导致尸体腐烂，则被认为是对亡者的亵渎。教法规定速葬亡人是"穆思台哈布"（益行），如果故意拖延时限，则被认为是"麦克鲁亥"（可憎之事）。《布哈里圣训实录》里也有"论迅速抬走盛尸床"的记载："圣人说'抬上盛尸床后，你们当快走。如若亡人是善良的仆人，你们会很快地抬着他见到善行的结果。如若他是卑劣的仆人，你们会从肩上迅速地把恶人扔下去。'"穆斯林主张速葬，正因如此，周围的人没有丝毫恐惧，觉得亡人干净、圣洁、尊贵，跟活着的时候一样可以亲近。②

---

① 刘东英：《试论维吾尔族丧葬习俗中的生态伦理思想》，《民族论坛》2012年第2期，第90—95页。

② 同上。

2. 薄葬

如何安葬死者，在各个民族各种文化传统中是大不一样的。有些民族实行厚葬。送葬的时候，请来一些吹唢呐的人，吹吹打打，热热闹闹，丧葬礼仪多得非行家不能尽数。与此相比，达里雅布依人与维吾尔族人一样则实行"俭葬""薄葬"。勉维霖先生说："穆斯林的传统习惯实行'薄葬'之礼，亡人不穿殓衣，更忌用殉葬品，死后只用白布包裹尸体入葬，包裹尸体的这种白布称为'可凡'（阿拉伯语）。男人的'可凡'通常为三件，一件叫'皮拉汗'（波斯语，坎肩之意），是覆盖前身的白布；一件叫小卧单，是垫在身下相当于褥子的白布；一件叫作大卧单，是在外层包裹整个埋体的白布。女人的'可凡'还要增加用作盖头和胸罩（也叫缠腰）的两块白布。"易卜拉欣·冯今源和赛尔德·伊布拉欣·铁国玺《伊斯兰教文化百问》一书中有："无论亡人生前贫富和社会地位高低都用同样规格尺寸的'开番'（裹尸布），都埋葬在同样大小的墓穴，都不允许用任何物品作陪葬，都须举行同样程序的殡礼。"薄葬体现了穆斯林的简朴本质，伊斯兰教认为，既然人是赤身来到今世，就应孑然一身地离开。除了"信仰和善行"可以伴他（她）进入后世外，人世的任何物品，对亡者都毫无作用。[①]

五 达里雅布依人丧葬文化内涵

1. 达里雅布依人的丧葬仪式体现了孝敬的伦理意识

古往今来，孝敬是人伦的根本，也是传统文化的重要内容之一。孝的意义始于报恩，报答父母的养育之恩，报答友善之人的厚德和恩赐，报效天地之博大情怀。各民族的丧葬礼仪也充分体现了这种伦理意识。达里雅布依人的丧葬习俗，哭丧、洗尸、亡礼、服孝等每一个环节都体现出了对亡故亲人的"孝道和孝心"。如：为死者净身时，子女要为死者进行祈祷和赎罪，祈求对自己的宽恕；进行服孝、送葬

[①] 刘东英：《试论维吾尔族丧葬习俗中的生态伦理思想》，《民族论坛》2012年第2期，第90—95页。

时，男子头戴缠白纱布的黑色帽子，系白腰带，女子也要系白腰带，带白盖头，穿白色的长裙，直到为死者举行去世后第七天的"乃孜尔"为止。若死者为家长或长辈，家属则必须服孝七天，有时这个时期还会延长到四十天甚至是一年。在服孝期间，直到死者去世后第四十天为止，主要服孝者不理发，不梳头，忌参加娱乐活动，保持沉重的状态。忌佩戴各种首饰，等第四十天的"乃孜尔"（祭礼）仪式举行完之后，主要服孝者和直属亲戚之间互相赠送一块布料，以表示对死者的服丧阶段的结束。自此之后，男女服孝者就能与往常一样理发剃须，穿戴平时服装，结束特殊阶段，恢复正常生活。按照当地习俗，葬礼结束后，逝者亲人要在人死后的第三天、第七天、第四十天和一周年之时举行"乃孜尔"。"乃孜尔"是"祭祀"的意思，是对死者表示缅怀和哀悼的主要活动。① 无一不体现孝敬的伦理意识。

2. 达里雅布依人的丧葬仪式体现的社会群代性

人去世以后，特别是家中的家长或有声望的亲人离世后，曾经围绕着其建起的社会关系和家庭格局都会被打破，但通过丧葬仪式可整理或重组现有的社会关系。人一旦去世后，死者家属和亲友要及时通过各种途径和方式，尽快通知远近的亲友，让亲朋好友能在第一时间知道亲人的离世，并尽可能地前来祭典和悼念。经过前期一系列环节和仪式，充分体现出亲戚必须承担比死者活着时更多的责任和义务，传统葬礼也一定程度上起到了生者与亲朋好友及乡亲们之间加强沟通，重塑友谊，并进一步促进亲戚之间的联系和家庭关系的融洽。

在达里雅布依人心目中，亲人去世后，举办葬礼也是一件大事。在本民族的各种仪式中，葬礼的仪式比较繁杂，且受重视程度比较高。一个家庭发生了亡人事件后，其亲朋好友和邻居都会伸出友谊之手，大家都会主动到死者家帮忙处理丧事，共同帮助有丧事的家庭做好葬礼的一系列事项，丧事的处置是整个家族，甚至是整个村庄或邻近村庄的大事，单靠一个家庭的力量和人手根本不可能完成。因此，置办整个丧葬的过程也是一次家族、亲朋好友和村庄成员集体性的活

---

① 钟金贵：《遵义仡佬族丧葬文化探析》，《兰台世界》2012年第3期，第60—61页。

动和聚会,在达里雅布依特殊的地理环境中,通过这种聚会也进一步增进了亲朋好友、家族成员以及乡邻之间的感情和友谊,也进一步增强了乡邻之间的沟通和联系,提升了家族成员与村庄成员的融合度和认同感。

达里雅布依人的丧葬习俗具有本民族的传统,同时又结合其生存环境的特殊性和地域特点进行了一定的"改良"和"创新",丧葬文化直到今天仍然发挥着极大的作用。传统习俗使人们更加懂得了尊重生命,爱护生命,讲求孝道,传承家风,进一步融洽了人们之间的社会关系。因此,我们在抛弃丧葬习俗中迷信内容的同时,应进一步发挥丧葬文化内涵的积极因素,大力推进达里雅布依丧葬文化的传承与发展,以"扬弃"的态度弘扬民族文化。

3. 达里雅布依人葬礼中的"赎罪"观念

达里雅布依举行殡礼的习俗和克里雅人一样之外,不同之处是1989年以前他们要把死者生前的罪孽赎掉。另外,死者被洗净之后,下葬前有一人将金银首饰裹在白头巾里站在死者旁边,另一人手拿零钱站在另一边,他们把一些贫穷的人叫到死者身边,让他们抓住裹有金银首饰的头巾的一头,裹有金银首饰的头巾横落在尸体上问他们"你拿了这金银首饰后愿意承担死者生前的罪孽吗",买了罪孽的人回答,"我愿意承担死者生前的罪孽"。之后将金银首饰交给买罪孽的人,站在另一边手拿零钱者又问"你愿意以两元的价格把这些金银首饰卖给我吗?"购买者回答:"我愿意。"手拿零钱的人给买罪孽的人两元钱把金银首饰买回来,这样把手里的零钱全部发给贫困人口。也就是说,把死者生前的罪孽全部卖给贫困人口。[①] 这种习俗现在基本上已经消失。

达里雅布依人的原罪观念是赎罪意识的外来文化根基。他们受到中国传统的"吾日三省吾身"思想的影响,追求自我完善的人生哲学使他们的赎罪意识又有了民族文化的依托,也是他们对人生的完美

---

① 买托合提·居来提:《新疆于田克里雅人社会习俗变迁研究——以达里雅博依乡为例》,西南大学,硕士学位论文,2011年。

追求。对达里雅布依人来说,"谁之过"其实并不重要,重要的是所有人都需要赎罪,并引导其他人反思自己可能的罪过,反思他们所犯的错误和罪孽。

达里雅布依人认为在真主面前可以用金钱财物通过赎掉亲人的罪孽来忏悔已故亲人的罪过,渴望得到救赎并引起生者的反思,希望所有人为自己犯过的罪孽祈求宽恕,避免再犯同样的错误。因此,达里雅布依人的赎罪的重点不是追究"谁之过?"最终目的是引起其他人对自己的存在和自我伦理意识的反思。

第五章　达里雅布依人发展问题研究

达里雅布依人在上百年的历史进程中，用他们的劳动和智慧传承和创造出了沙漠腹地的本民族文化。然而，随着科学技术迅猛发展、人类文明不断走向一体化的今天，达里雅布依人的这一古老而传统的文化却面临着空前的挑战，甚至可能面临濒临灭绝的危险。因此，我们应该站在保护人类文明和文化遗产的角度，有责任、有义务抓紧时间抢救和保护这一将要消失的文化传承，使其能够为本民族、本地区社会文化的发展，为人类文化事业的发展发挥应有的作用。

第一节　达里雅布依人的发展问题

达里雅布依人生活在新疆维吾尔自治区南部塔克拉玛干沙漠腹地，是一片近乎与世隔绝的地域，这里居住的人群，也曾被中西方的学者称为失落的或者是野蛮人。通过各种资料和我们的调研可以看到，由于自然环境和生存条件的制约，目前，当地民众面临着食物短缺、医疗卫生条件差、生活水平低下、基础设施落后、思想观念滞后、生存环境恶化等多方面的问题。

一　生活水平低下

达里雅布依人的畜牧业是主要的生产方式，该地经济结构简单。大多数牧民需要靠放牧养家糊口。然而，达里雅布依人的生存范围在逐渐缩小，人口的增长、土地的荒漠化日益加剧，挤压着他们的生存空间，抵御地理环境的危害相当困难。四百多年前迁徙时，总共20

多户人家,百余人,现在全乡人口增加到1800多人,而克里雅河水的流量减少,流程在达里雅布依境内减少了一半。这种依靠环境为生的生存方式与日益严重的沙漠草场退化趋势形成了明显的矛盾,导致畜牧数量的增长受到限制。另外,人口的数量逐年增长,因而,当地的生活条件非常艰苦。

我们可以从有关资料的数据来看:1964年全乡人口约460人,2002年全乡人口数量已经达到1000多人,1960年牲畜总数是18000只(头),1964年是27198只(头),2002年是27840只(头)。2006年牲畜数量也是维持此数。2002年牲畜总数量与1964年相比大体持平。但人均拥有牲畜数量1964年是59只(头),而2002年人均却只有21.4只(头)。2002年人均拥有牲畜数量与1964年人均拥有牲畜数量相比下降了63.7%。畜牧业生产发展了40年,从牲畜数量上看增长无几,可人均占有牲畜数量下降幅度是巨大的。这种情况应归结为当地的载畜量在40多年前就已经达到了饱和状态。[1]

可以得出的推论是:该乡的生产方式造成了贫困人数的有增无减。从数据可以看出:当地居民的收入增长相当缓慢,"2002年全乡人均年纯收入只有711元。2002年达里雅布依乡全乡有200多户,其中贫困户共119户,贫困人口508人,贫困户数占全乡总户数的39.4%,贫困人口占全乡总人口的39.1%,贫困人口与贫困户比例大致相等。2006年全乡有260多户人家,1200多人,贫困户依然是119户,其中特困户35户,五保户2户,特困户数占全乡总户数的13.1%,贫困户数约占全乡总户数的44.6%,全乡接近一半家庭处于贫困状态"。生态环境的恶化不仅制约了经济的进一步发展,而且给当地人的生活居住造成了巨大的困难。[2]

达里雅布依人生活在塔克拉玛干沙漠腹地,乡政府距县城230多公里,没有硬化道路,没有电力,也没有电器、电话、网络,现代文明与达里雅布依人无缘。曾经有一位广东商人给240户村民每户赠送

---

[1] 颜秀萍、刘正江:《关于新疆于田县达里雅布依乡生态环境的调查研究》,《新疆大学学报》(哲学人文社会科学版)2008年第4期,第77—81页。

[2] 同上。

一套太阳能光伏电板,达里雅布依人才见到了微弱的电灯。直到今天,时髦奢侈的年轻人也就穿一双塑料拖鞋,中年以上的人们没有穿鞋的习惯,他们认为整天在沙漠中赤脚还是有利于健康。他们的房子也极其简陋,墙壁、屋顶全部用红柳和芦苇编织,再以克里雅河的淤泥涂抹,方方正正的仅有一扇小小的窗户,房门则是用整块的胡杨树外壳做成。走进达里雅布依人的房子,屋子中间有一个铺满黄沙的火膛,这就是厨房。还有一到两个房间,算作卧室。由于常年很少下雨,房屋建造十分简陋,不仅四壁透风,从房顶还可以看到满天的星星。

这里确实偏僻,政府也关心他们。"村村通工程""电视进万家"等工程都使他们受益。今天,多数人家里有电视机、卫星接收器、太阳能发电板,部分家庭还安装了无线固定电话,乡政府还安装了移动基站。政府一直在做最大的努力,力争使达里雅布依民众不断改善条件,尽快与时代接轨。但是,由于自然条件的限制,他们的电视机多数时候没有信号,无线电话也多数时候信号微弱,不够通畅。

达里雅布依乡地处沙漠腹地,距县城遥远,交通不便,信息闭塞,自然环境恶劣,学生居住分散,致使该乡唯一学校的学生入学率和巩固率较低,教学质量差。由于学校距离遥远,适龄学生上学几乎成了很大负担,造成到课率低;教师距离家路途遥远,工资不高,教师队伍不稳定,很大程度上影响正常教学。该乡没有幼儿园和学前教育。

二 思想观念滞后

达里雅布依人思想观念比较滞后。一是表现在他们对于教育的认识上。政府在铁里木村建立了小学,达里雅布依人的孩子从小学到中学都是住读,行李、学费、书本乃至文具全部由政府免费提供,可是入学者依然态度不够积极。原乡党委书记王宗礼带领乡干部走遍散居大漠的200多户人家,顶风冒沙,挥汗如雨,宣传、劝导乃至搬出法律"恐吓",直到唾沫流尽,嘴唇皲裂,好不容易入学的孩子也常常溜回家里而不再返校。王书记也深深明白,没有文化就不能摆脱愚昧和贫穷,为此他每年都会找各级教育机构争取全国一些大城市的技校或中专的培训指标,他不辞劳苦,四处劝导、动员家长和学生,虽然所有费用包括路费都是乡政府承担,好不容易争取来的进修指标还是付之东流。原因很简单:读书远比每天开关一次羊圈累得多。

为了彻底保护这片绿洲,给子孙后代留下一片原生态的达里雅布依,地方政府也曾经努力做好教育工作。达里雅布依乡党委书记和乡长以及县教育局的领导挨家挨户地做工作,让所有该上中学的孩子到于田县去读书,吃住等所有费用都由政府承担。在乡政府的努力下,达里雅布依乡150多名学生才正式搬迁到县城寄宿制学校接受教育。

二是表现在他们对于种植业的态度上。沙漠里是可以种植瓜果的,和田地区民丰县那闻名全国的甜瓜(内地称哈密瓜)就是种植在沙漠里。原乡党委书记王宗礼买来西瓜种子,请来技术员,手把手带领乡亲们种植。瓜儿长势很好,枝蔓繁茂,瓜儿溜圆。即使这样,沙地的西瓜也被棍棒砸碎,瓜蔓也被连根拔除,所有辛劳付之东流。因为,达里雅布依人认为种西瓜太累。他们没有与时俱进的思想。

三是表现在达里雅布依整体搬迁中的阻力。说到搬迁,不少牧民对于自己的居住地还是非常留恋,虽然他们也希望通过搬迁改变生活现状,现在大家比较普遍的想法是,祖祖辈辈都是以放牧为生、不懂种植业,如果搬迁到县城附近,没有合适的放牧地点,又不会种植业,对于搬迁他们的态度很矛盾。极少部分居民认为虽然习惯了这里的生活,但考虑到下一代的发展,不反对搬迁。还有一部分牧民认为他们的羊群也不愿意搬迁,他们只知道这里的牲畜夏秋以胡杨嫩枝为食,冬春啃干芦苇,不习惯吃别的水草。如果把它们带到其他地方,将会难以存活。他们对于搬迁不会很快赞成。

我们可以看到达里雅布依人对整体搬迁的思想认识不到位。部分牧民安于现状,从思想深处不愿搬迁,满足于传统的游牧生活方式,甚至有吃不上饭政府就会管的想法,对如何抵御一些不可预见的自然灾害和进一步发展壮大的问题缺少思考。

三 生存环境恶化

环境是人类生存和生活的基本条件之一，是人类提高生活质量和身体素质的基本保证。

世界卫生组织（WHO）早在1961年就提出了健康居住环境的4个基本理念，即"安全性"（safety）、"保健性"（health）、"便利性"（efficiency）和"舒适性"（comfort），其中安全性是其首要理念。日本学者日笠端对WHO的"健康4项标准"作出解释，其中对于"安全性"（safety）标准的解释是：远离灾害、保护生命和财产安全。[①]

中国人对聚居环境的选择，也讲究相地卜居，特别看重青山绿水风景佳胜之地。在中华民族文化心理积淀中，山水其实就是一个世代赖以生存和发展的大家园。此种意识萌发于中华文明初始阶段。相传周人祖先公刘在夏朝末年为避戎狄而迁于豳，乃相土地之宜，筑城营室，率族人定居于此。《诗·大雅·公刘》追忆其事，有云："逝彼百泉，瞻彼溥原。乃陟南冈，乃觏于京。"依山傍水而居，山水家园的民族文化心理，代代相传，不断丰富，遂形成精妙独特的中华民族人居环境思想，而山水文化则是这一思想体系的重要组成部分，山水也被认定为人居环境构成的基本要素。[②]

以上是通过实地调研和相关文献了解沙漠腹地的生存环境的基础上，从达里雅布依人的居住环境分析讨论居住在这里的新疆游牧维吾尔族人的发展前景，以及他们在发展中面临的环境问题，并提出生态环境保护的建议。

千百年来，达里雅布依人过着"逐水草而迁徙"的牧放生活。他们与生活在南疆其他乡镇主要从事农业活动的维吾尔族有所不同。他们目前还是属于半游牧半定居的生活模式。由于达里雅布依乡地处偏隅，地理环境恶劣、沙漠阻隔、交通工具落后，他们一直过着相对与

[①] 余建辉、张文忠、王岱、谌丽：《基于居民视角的居住环境安全性研究进展》，《地理科学进展》2011年第3期，第699—705页。

[②] 夏咸淳：《居住环境中的天人融和——明初人居环境思想探微》，《学术月刊》2009年第8期，第98—104页。

世隔绝的生活。关注研究达里雅布依乡的自然环境，研究他们在发展中面临的环境问题无疑对达里雅布依人整体研究具有很重要的意义。

目前达里雅布依人在生存环境方面面临的主要问题有以下几个方面：

1. 生土建筑民居再生的困惑与出路

新疆生土民居建筑由于自然环境及技术等要素而存在的缺陷：首先是生土建筑自身抗震性较差，亟须在支撑结构上有所突破和创新。而在达里雅布依实现照搬既有的抗震结构，以现代砖混结构替代传统生土建筑。由于交通问题很是难以实现，再者在达里雅布依生土民居建筑的理论研究与实践开发严重脱节。关注传统民居生土建筑的研究很少，使生土民居建筑的研究仅限于纸上谈兵。导致生土民居建筑的研究与再生活动受到了极大的制约。还有就是大家对生土建筑认识上的偏差。所以也就必然制约了生土建筑的沿袭和发展。①

2. 生存环境恶化

达里雅布依人沿河而居，靠放牧为生。随着土地沙化、人口不断增长等多种原因，给克里雅流域的生态环境构成了很大的威胁。主要表现在：

（1）土地沙漠化越来越严重

据考古资料，汉唐时的"丝绸之路"南道穿越克里雅河流域，当时的圆沙古城位置正是塔克拉玛干沙漠的中心腹地。"一千多年来，塔克拉玛干沙漠向南推移了约300公里，以往的繁华全部都掩埋在沙漠下面，过去曾繁荣昌盛的城堡也都成了废墟遗址。"由此可见，历史上该流域的沙漠化就很严重，而且直到今天从来都没有停止过。以喀拉墩古城为代表的克里雅河下游西部三角洲，早已处在严重沙漠化阶段。所有古代城堡建筑都被高大的沙堆所环绕，大多数都被流沙掩埋。但是，1900年，英国探险家斯坦因到达克里雅河下游流域，当时的景象还是"两岸黑黑的林带线""生长着茂密的红柳和芦苇的长

---

① 李群：《新疆维吾尔族生土民居的调研与思考》，《美术观察》2011年第3期，第16—18页。

条形地带""两岸的柳树和胡杨树看来同样的繁茂"。而现在，我们从县城出发到达达里雅布依乡乡政府驻地，经过230多公里沿河流域看到的只是孤独的胡杨树、稀疏的红柳丛和星星点点高不过膝的芦苇。我们想见到的大片的茂密的胡杨林在调查的日子里始终没有见到，而看到的最多的情景就是茫茫的沙漠。克里雅河水在沙丘中穿梭，河水大量消耗在沙漠中。克里雅河下游绿色走廊的胡杨林中，已经普遍出现流沙堆积、风起沙走的现象，远离河岸的胡杨树因缺水而渐渐干枯。[1]

1896年至1929年，考古学家在卡拉墩等遗址进行考古并留下记载，通过记录对比，至今这些遗址大部分古建筑已被流沙淹埋。绿色走廊及河道也严重沙漠化，叶音、米萨来一带在20世纪50年代末开垦的农田，因无水灌溉而弃耕，现在已向半流动沙丘演变，大部分垦地已被沙化。[2]

（2）植被严重退化

根据我们的调研和相关资料可以看出，由于达里雅布依人口与牲畜数量增长过快。达里雅布依乡1949年仅有310人，0.9万头（只）牧畜，2008年已增至293户1303人，3.1210万头（只）牧畜。伐木人员的乱砍滥伐加速了胡杨、红柳林的水退过程，造成胡杨、红柳面积锐减，植被覆盖降低。[3]

达里雅布依人的生活用柴和建房用材也会导致乱砍滥伐胡杨林。从而引起植被退化，给原本就脆弱的生态环境雪上加霜。他们为了增加收入，滥挖大芸、甘草等珍贵药材，同样会破坏沙漠植被，毁坏自然环境。

（3）水环境恶化

根据相关资料得知，近些年来，由于水资源逐渐减少，导致达

---

[1] 颜秀萍、刘正江：《关于新疆于田县达里雅布依乡生态环境的调查研究》，《新疆大学学报》（哲学人文社会科学版）2008年第4期，第77—81页。

[2] 西尔艾力·买买提明：《论于田县克里雅河下游绿色走廊及沙漠绿州——达里雅布依乡的生态环境问题》，《资源节约与环保》2014年第1期，第185—186页。

[3] 同上。

里雅布依沿河两岸的植被大面积枯萎和死亡。克里雅河下泄洪水量由1949年的3.9亿立方米减少到现在的2.1亿立方米,泉水由1.39亿立方米减少到1.01亿立方米,从而也导致沿河两岸植被逐年退化。

沿着克里雅河的湖泊及泉流干涸。达里雅布依周边的卡拉墩古城附近曾有玉广库勒、克其克库勒、托库勒巴什等大小湖泊和泉流。如今,均已相继干涸。地下水位下降,水质矿化度升高,导致他们饮水困难。他们要从10米深以下的地层取水,水质还含碱量和含氟量高,危害人体健康。[1]

于田县城未经处理达标的废污水,污染了水质和农田,导致水环境恶化,不仅影响粮食生产和农民增收,而且影响人体健康。达里雅布依人的饮用水仍旧从河里打水,需沉淀后饮用。由于这种水碱大、盐分大,吃多了头发变白得快。根据医护人员说:"长期饮用这种水也会导致结核病、肺心病。"

可以看出达里雅布依的生存环境恶化,放牧业面临着生存危机。达里雅布依绿洲的面积逐年减少。胡杨树因缺水而枯死,野生动物几近绝迹。地下水位下降明显,诸多现象不得不令人担忧,达里雅布依正面临着严重的危机。关于环境问题,达里雅布依人未能正确理解,他们也没有意识到他们面临的这种危机,他们选择接受着这种苦难并努力生存着。

第二节 达里雅布依人传统文化的保护

为了提升沙漠腹地群众的生活质量,同时,保护沿克里雅河流域的自然生态,保护上百万亩古老胡杨林等自然资源,新疆维吾尔自治区人民政府、和田地委和行署计划在近几年内对沿河农牧民进行整体搬迁工作。所以在达里雅布依形成的独有的沙漠牧放文化,以及当地

---

[1] 西尔艾力·买买提明:《论于田县克里雅河下游绿色走廊及沙漠绿洲——达里雅布依乡的生态环境问题》,《资源节约与环保》2014年第1期,第185—186页。

古老的民风民俗将会消失。所以，保护和抢救势在必行。

这一支在沙漠腹地从事牧放的维吾尔族，不一定是维吾尔族的原始风貌，但他们一定是同新疆境内其他维吾尔族一同走来的，并保持了维吾尔族历史上一个生活片段的模型，是维吾尔族一段传统生活的真实留存。同时，他们把游牧带入沙漠深处，并坚持数百年的历史，证明了人类社会依赖农业生存与依赖牧业生存的对等性，证明了农业文明与牧业文明的相融性，并展示了现代社会差异文化存在的可能性与现实性。由于自然环境的恶化和生存条件的限制，导致达里雅布依的社会文化显然是一种脆弱的文化模型，但是，它不仅是维吾尔族文化的一部分，也是中华民族历史文化的一部分，它还是中华现代多元文化中独具特色的一部分。眼见这种独特的文化模式因为人们生活的需要有可能终结，我们感到有必要为它的保留做些工作。希望通过努力，能够为记录人类社会发展过程保留一些重要的现实资料，尤其是对沙漠腹地濒临灭绝的社会文化的收录保留，对我国文化遗产保护、对实用人类学的研究会有一定贡献。保护和抢救达里雅布依的社会文化非常紧迫。

近年来，国家和地方政府已经加大了对达里雅布依乡的有关基础设施的投资力度，该乡的基础设施有了一定改善，并为达里雅布依人生活的丰富和发展提供了有利条件。但是他们的文化水平还是受到很大程度的限制。目前，就我们了解到的该乡所有有文字记录的资料寥寥无几，他们也没有对自己的传统文化进行抢救、保护和发展民族传统文化的意识。

他们在抢救和保护民族文化方面普遍存在着人员未经专业培训的问题。也就是说，本地本民族的有识之士，面对濒临消失的民族文化却有心而无力、不知所措。还有最大的障碍和困难，就是没有专项经费。我们深刻地感觉到，要全面系统地记录、整理、抢救和保护达里雅布依乡的文化内容和形式，单靠时间有限的田野调查只能是这种文化传承与保护的一部分工作。在达里雅布依的游牧文化即将面临消亡的今天，这种工作更加显示出它的重要性和紧迫性。

第三节　达里雅布依发展对策研究

一　提高教育水平

我们先分析造成达里雅布依乡教育现状的原因：

贫困是主因。马斯洛需求层次理论告诉我们，当满足生存的需要成为一件困难的事情，生存问题还没有得到很好的解决的时候，所有生存之外的其他问题都不可能被重视。就达里雅布依人目前的生存环境和生活水平，在他们生存问题还没有很好解决的情况下，他们自然不会重视对孩子的教育问题。

这里的经济发展水平不高，教师队伍数量严重不足，教学水平低下。从师资力量上看，教师不愿意去，更不愿意留，导致目前在校教师的再学习能力差，缺乏紧迫感，教学方法简单。

这里的学生上学条件差，学校离家遥远。达里雅布依乡的孩子接受教育是克服了许多同龄城镇孩子连想也想不到的困难之后得到的。

为了较好保护达里雅布依生态和文化，将它完好地交给我们的子孙，我们应该将这些"与世隔绝"的孩子们逐渐送出沙漠，接受教育。当这些孩子拥有了见识和理想，他们会带着达里雅布依人的血脉离开沙漠，寻找更广阔的天地。

2010年，于田县达里雅布依乡九年一贯制学校四年级至九年级已有220余名学生搬迁至于田县第一小学、中国电子（CEC）希望学校借读，暂时解决了部分学生的就读问题。但同时也挤占了于田县第一小学和中国电子（CEC）希望学校教育资源，给于田县第一小学和中国电子（CEC）希望学校的教学用房、生活用房等造成了一定的压力。

所以，在达里雅布依乡还没有整体搬迁出来以前，把于田县达里雅布依乡九年一贯制学校整体搬出达里雅布依乡是当务之急。

二　提高意识形态

对达里雅布依进行整体搬迁是一项长期而系统的工程，要彻底使他们从根本上摆脱传统的游牧生产生活方式，走上富裕的道路享受到现代文明还有大量更为艰巨的工作要做。为进一步提高达里雅布依牧民的认识，我们提出以下几点建议：

第一，加强宣传教育，提高牧民素质。游牧民数百年的传统游牧形成的生产、生活方式根深蒂固；要想短期内彻底改变现状既不现实也不科学。因此无论是搬迁模式还是搬迁点的选择要尽可能满足牧民的意愿，凡能够转变牧民的观念通过搬迁尽快实现牧民生活水平的提高，促进增收，为保护生态环境做出更大贡献的做法，我们都可以大胆尝试。政府可利用各种宣传形式和媒体大力宣传牧民搬迁中涌现出的各种致富典型让牧民切实感受到只有通过搬迁才能切实摆脱贫困过上富裕的现代生活，从而促使牧民自觉自愿地搬迁。

第二，加强对游牧民搬迁工作的领导，科学规划牧民搬迁工作。牧民搬迁点建设是一项系统工程又是一项社会工程，涉及畜牧、水利、农业、电力、交通、卫生、教育、通信等诸多行业和部门。无论是哪个环节出问题都会影响牧民搬迁的全局。因此，一定要用科学发展观指导牧民搬迁工作，做到立足实际科学规划分类指导，扎实推进确保"搬得动、稳得住、能致富"。

第三，加大资金投入力度，尽可能多地争取中央财政资金的支持。向国家各部委充分反映搬迁牧民的困难，提高游牧民搬迁工程中央财政比例。利用国务院支持新疆发展的有关政策争取中央财政资金支持。争取自治区财政对游牧民搬迁工程的投入，包括对定居点基础设施和配套服务设施的投入。鼓励游牧民在搬迁建设中承担相应的定居费用。对于过于困难的游牧民，此部分资金可以考虑先向政府低利率甚至免息借贷，房屋建成后分期偿还的方式。[①]

第四，结合新农村建设，建立健全搬迁点服务功能。牧民搬迁地的各项配套设施直接关系到搬迁点整体建设成效，必须根据新农村建设要求，把小区服务功能建设摆在与住房建设同等重要的位置，结合

---

① 郭文慧：《改革开放以来新疆游牧民族定居问题研究》，新疆大学，硕士学位论文，2010年。

农牧村电网改造、饮水等项目工程,确保各项公益设施健全。其他基础设施建设,如路、林、渠、医疗所、学校等也应列入统一规划中。努力为搬迁牧民创造一个"生产发展、生活宽裕、乡风文明、村容整洁、管理有序"的新社区。

第五,完善牧民搬迁点的社会保障制度。游牧民搬迁后,为了防止一部分牧民家庭在搬迁后收入水平难以提高,以及老人养老难、看病难等问题,需要建立农村最低生活保障、新型合作医疗等新的社会保障体系。可以考虑在公共财政中拿出一笔资金为搬迁牧民办理养老保险,建立合作医疗制度。同时建议将60岁以上的牧民搬迁到乡镇或县城养老,由国家从生态补偿费中拿出一定比例用于其生活保障费。[①]

达里雅布依的发展既需要当地人民群众的积极努力,也需要国家的大力扶持,其中最为重要的是制定一套符合达里雅布依特点的发展道路。通过转变观念,使牧民积极参与到本地区发展大潮中来是一个十分关键问题。

三 保护生态环境

通往达里雅布依的大门被日渐打开,这让当地政府为这块生命绿洲的前途无比担忧。要在沙漠中修一条公路,造价非常高,230多公里的距离,需要投入资金2亿—3亿元,还不包括后期每年数百万元的养护费用,当地的财力完全没有能力修一条公路到达达里雅布依。即使通过其他途径筹措到修路资金,可是考虑到一旦真正变成通途,就会有更多的人进入这一世外桃源,甚至会有更多的人将大型机械开进这里砍伐树木,破坏克里雅河沿岸地区的原生态、脆弱的生态环境,也无法从根本上改善当地牧民的生活状况。沙漠生命的脆弱,确实经受不起人类足迹的大量到来。

这种靠天吃饭的自然经济,抵御自然灾害的能力差,生产效益

---

① 郭文慧:《改革开放以来新疆游牧民族定居问题研究》,新疆大学,硕士学位论文,2010年。

低,广大牧民就医、子女上学等条件无法保证,使牧区经济社会发展长期处于落后状态。自治区在研究实践变革畜牧业生产方式过程中总结出,要保护这一地区生态环境的有效办法就是将沿河两岸的达里雅布依人迁移出神秘的克里雅河流域。①

诸多因素综合考虑下,移民、搬迁应该是一个很好的选择!

1. 居民整体搬迁

用教育去影响年轻人以及下一代,现在国家对西部农村九年义务教育实行"两免一补"政策和"寄宿制"政策,学生在哪儿都是寄宿制生活。所以将达里雅布依乡的中小学搬到县城来,对到县城来上学的学生加大资助力度,让他们安心接受教育。用现代化的生活方式改变达里雅布依乡的年轻人,使他们感受到城市生活的气息,逐步接受一种现代化的生活和生产方式,努力培养他们与现代化相适应的精神世界,放弃对原有生活方式的依赖,最终永远走出沙漠,远离沙漠定居。虽然花费的时间是培养一代人的一个教育周期,但能最终解决沙漠腹地居民的生活和生产问题。同时要鼓励当地的人尽快搬迁,对他们搬出沙漠给予优惠政策并有一定的经济补偿,解决他们搬迁后的后顾之忧。我们在调查中得知,达里雅布依乡在于田县城还有一个小队,有几十套房子。居民整体搬迁有一定可行性和基础。县乡两级政府可以考虑发展这个小队,让搬迁出来的居民从事他们熟悉的牛羊养殖业,一是避免人多耕地少的矛盾;二是可以解决生产生活问题。政府应努力把这个小队打造成吸纳和转移沙漠居民的一个平台,让这个小队的居民成为走出沙漠的示范户。②

2. 加大环境保护的力度

当地政府应加大执法力度,对滥挖乱砍行为坚决制止。沙漠腹地生态平衡非常脆弱,一旦破坏又很难恢复。克里雅河流域的居民应树立保护克里雅河就是保护自己的家园的思想。对天然胡杨林应由政府

---

① 冯莉、楚亚伟:《浅谈新疆牧民定居存在的问题与对策》,《世纪桥》2010年第9期,第63—64页。

② 颜秀萍、刘正江:《关于新疆于田县达里雅布依乡生态环境的调查研究》,《新疆大学学报》(哲学人文社会科学版)2008年第4期,第77—81页。

划出保护范围，禁止游牧。分清可以放牧的草场和保护的范围。把保护胡杨林的义务与权利交给当地的人去管理，让他们从索取者转变为保护者，由被动变主动。这都需要政府的统一规划和管理。建设人工防护林，在克里雅河两岸建立人工防护林，多种植红柳和人工树木。利用夏季洪水期富余的河水浇灌人工防护林，阻止沙漠的逼近，最大限度改善区域环境。①

3. 统筹规划，统一管理

克里雅河下游地区生态环境正趋恶化，要解决这个问题，不仅仅是下游的达里雅布依乡搞好生态环境保护就可以了，克里雅河流域应该是作为一个生态整体来考虑，不能割裂，要上中下游统一考虑如何保护的问题。上中游流域的发展不能不考虑下游的环境，例如上中游盲目的开荒导致下游河水的水量减少，下游沙化，这样会使整个流域生态恶化，沙漠逐渐逼近县城。这次调查发现达里雅布依乡的生态困境不仅是与当地一些因素有关，而且很大程度上是外界因素合力施压造成的。所以当地政府应及早整体考虑，制定出克里雅河流域统一的可持续发展规划。既要考虑经济发展和当地人物质文化生活水平的提高，又要考虑到环境保护。②

克里雅河流域生态环境的恶化虽有自然原因（气候旱化、上游水量减少、下游受东北风和西北风的相互作用，沙漠活化移动等），但人为因素是最主要的。于田县几十年来，在某些不切实际的口号的驱使和人口增加的压力下，不顾整个流域的生态特性，一味追求垦殖指标，追求粮、棉、油的产量，进行粗放耕作，掠夺式开采等，造成捉襟见肘的后果。③

人类开发利用资源的根本目的是实施对环境的调节和控制，增加经济效益，不断满足人类社会的需要。从生态学理论上讲，任何一个

---

① 颜秀萍、刘正江：《关于新疆于田县达里雅布依乡生态环境的调查研究》，《新疆大学学报》（哲学人文社会科学版）2008年第4期，第77—81页。

② 同上。

③ 海鹰：《达里雅博依绿洲的生态问题及其维护对策》，《新疆师范大学学报》1994年第2期，第79—84页。

单一的生态系统都是脆弱的,因而建立稳定而良好的生态环境应是我们发展经济的首要前提。所以我们没有任何理由将自身置于一个危机四伏的生态环境中谈繁荣与发展。历史经验告诉我们,人类破坏性开发是造成生态恶化的主要原因,但也不能因此而停止开发来保护生态平衡。因为任何自然生态系统对于人类和社会经济的发展并不都是有利而无害的,人类总是力图把不利的自然生态系统变为有利的生态系统,这就是生态建设。如果在开发建设中,对策合理,开发建设与生态保护并举,环境退化问题就不难解决。①

游牧民族在我国历史上扮演着重要的角色,有着坚韧不屈的性格、强悍的身体素质。本书通过对达里雅布依人的生存环境和居住情况分析研究,得出他们在发展中面临的环境问题。

对达里雅布依的保护,不仅要有深入的理论研究,更是一种文化传承与保护的实践,需要多种思路和策略,科学的合理化便是其中最为重要、最为现实的一种策略。

无论在国际还是在国内,都存在着因为环境状况恶化而被迫搬迁的范例。

四 正确定位达里雅布依人的发展趋势

克里雅河流域探险旅游资源非常丰富,县、乡政府都通过各种途径推销这一旅游资源。达里雅布依风景河段位于克里雅河下游的大河沿一带,全长约150公里,呈南北走向,河流年均流量每秒22.6立方米,年总径流量达7亿多立方米,具有林、水、沙漠为一体的奇丽景色,还有独具特色的民俗风情文化。

达里雅布依人生活的地区为沙漠腹地,环境特殊,适宜发展以民族文化为特色的旅游业。据我们了解,到达里雅布依地区旅游观光、视察、考察的人数逐年增多,旅游业会逐步成为该地区的主导性产业之一。目前到这里旅游的人很难领略到对有着很高旅游价值的达里雅

---

① 海鹰:《达里雅博依绿洲的生态问题及其维护对策》,《新疆师范大学学报》1994年第2期,第79—84页。

布依人独到的文化资源的有效开发，以及将其科学而经济地融合到日益壮大的旅游产业中。目前的状况使从远道而来专为考察达里雅布依人独特民族风情的旅游观光的客人感到有些失望。

虽然我们在调研过程中也了解到现在有部分人自发成团，探险和旅游达里雅布依的沙漠情怀，但从规模上还远不如别的旅游点。不管达里雅布依乡的整体搬迁在什么时间完成或者说是否能够完成，达里雅布依的旅游业都可以不断做大做好，这样对当地的经济发展会起到很大的推动作用。假若是整体搬迁能够很快实施，那更有必要在达里雅布依开发旅游业，既可以发展经济，还可以保护和抢救达里雅布依的传统文化。

事实上，许多民族地区旅游业发展的成功经验告诉我们，开发民族文化是旅游业发展长盛不衰的源本。优美的自然风光别处可以看到，避暑休闲、娱乐度假的景区其他地区也可以开发建设，只有民族文化是一个民族聚居地所特有的，是在其他地区很难找到的旅游资源。一个特定地区特定民族或族群的文化是其他地区、其他民族或族群所无法复制的十分珍贵的社会历史产物。[1] 其中，包含着这一特定地区特定民族或族群，用千百年的共同劳动和智慧创造的一切物质文化和精神文化。同时，这种文明和文化，同他们繁衍生息而相依为命的特定自然环境无法分离。人们只能在他们生产生活的特定地区，才能真正地欣赏、感悟、享受他们独特的民族文化及其文明。达里雅布依人的传统文化和文明确实有很大的旅游开发价值，应当引起当地政府和旅游部门的重视，在地方的旅游产业中融入达里雅布依人的远古而传统的文明和文化，以此给地方旅游业注入新的活力以及新的内容和形式。我们相信，以达里雅布依独特的民族文化为主体打造的特色旅游品牌，能够吸引更多的旅游者，从而给地方创造更好的经济效益。

---

[1] 吴晓玲：《发掘鄂伦春传统文化 打造特色旅游产品》，《安徽农学通报》2008年第20期，第221—222页。

附　　录

1. 达里雅布依人亲属称谓调查表
2. 达里雅布依人放牧用语名称及用语调查表
3. 2009 年达里雅布依乡牧民年放牧头数以及大芸收入统计调查表
4. 达里雅布依乡机关单位在职人员调查表
5. 调研采访视频

1. 达里雅布依人亲属称谓调查表

	汉语称谓	游牧维语称谓
父系称谓	曾祖父	偶鲁革博瓦 ou lu ge bowa
	曾祖母	偶鲁革莫妈 ou lu ge moma
	祖父	琼达达 qong dada
	祖母	琼阿娜 qong a na
	父亲	达达 dada
	叔叔	塔尕 taga
	哥哥	阿卡 a ka
	儿子	吾古鲁木 wu gu lumu
	孙子	偶革鲁乃吾热 ou gelu naiwure
	重孙	派娜吾热 pai na wu re

续表

	汉语称谓	游牧维语称谓
母系称谓	外曾祖父	偶鲁革博瓦 ou lu ge bowa
	外曾祖母	偶鲁革莫妈 ou lu ge mo ma
	外祖父	克奇克博瓦 ke qi kebowa
	外祖母	克奇克莫妈 ke qikmoma
	母亲	阿娜 a na
	婶婶	克奇克阿娜 ke qi ke a na
	姐姐	阿恰 a qia
	女儿	克孜木 ke zi mu
	孙女	克孜娜吾热 ke zi na wu re
	重孙女	派娜吾热 pai na wu re
妻系称谓	岳祖父	琼达达 qong da da
	岳祖母	琼阿娜 qong a na
	岳父	开因阿塔 kai yin a ta
	岳母	开因阿娜 kai yin a na
	舅舅	塔尕 taga
	舅母	克奇克阿娜 ke qi ke a na
	外甥	吉艾尼木 ji ai ni mu
	外甥女	吉艾尼克孜 ji ai ni ke zi
夫系称谓	公	开因阿塔 kai yin a ta
	婆	开因阿娜 kai yin a na
	夫	依日木 yi ri mu
	妻	伙屯 huo tun
	侄子	克奇克阿娜 ke qi ke a na
	侄女	吉艾尼克孜 ji ai ni ke zi

2. 达里雅布依人放牧用语名称及用语调查表

游牧维语放牧常用语	汉语翻译
靠业白凯西 koybekix	养羊
哦特业艾希 ot berix	收草
奥习题 aoxiti	赶羊

续表

游牧维语放牧常用语	汉语翻译
普洱 pu er	呼唤羊
裘 qiu	赶牛
赫特 hete	赶毛驴
推，推，推 tuituitui	叫鸡
塔河 tahe	赶鸡

3. 2009年达里雅布依乡牧民年放牧头数以及大芸收入统计调查表

姓　名	放牧头数	大芸（公斤）	其他收入
阿不力孜·依明	85	1000	0
买司地克·阿不都热依木	110	400	0
阿不都拉·克热木	380		0
艾力木·尼扎木丁	65	200	0
买买提·波	170	300	0

4. 达里雅布依乡机关单位在职人员调查表

单位	姓名	性别	民族	职务	出生年	文化程度	党派	婚姻状况
乡机关	王宗礼	男	汉	书记	1967	本科	中共党员	已婚
	买吐木江·买买提明	男	维吾尔族	乡长	1964	大专	中共党员	已婚
	艾尔肯·库尔班	男	维吾尔族	人大主席	1966	大专	中共党员	已婚
	玉苏浦江	男	维吾尔族	纪检书记	1966	大专	中共党员	已婚
	阿不都热合曼	男	维吾尔族	政法书记	1967	大专	中共党员	已婚
	贾存鹏	男	汉	副乡长	1979	本科	中共党员	已婚
	艾力江	男	维吾尔族	党建干事	1986	大专	团员	未婚
	王琴	女	汉	出纳	1985	大专	团员	已婚
	赵艳阳	女	汉	档案	1971	大专	中共党员	已婚
	吾吉艾合买提	男	维吾尔族	司法	1980	大专		未婚
	买托合提	男	维吾尔族	民政干事	1972	初中	中共党员	已婚
公安派出所	买吐如孜	男	维吾尔族	警察	1955	小学	中共党员	已婚

续表

单位	姓名	性别	民族	职务	出生年	文化程度	党派	婚姻状况
畜牧站	苏皮·卡司木	男	维吾尔族	站长	1965	小学	中共党员	已婚
	买提克日木	男	维吾尔族	站干事	1980	小学	中共党员	已婚
文化站	买塞地·阿布拉	男	维吾尔族	站长	1975	小学	中共党员	已婚
	韩军	男	汉	站干事	1986	中专	中共党员	未婚
卫生院	布阿依莎木	女	维吾尔族	院长	1981	大专	无	离婚
乡民族中小学校	买买提明	男	维吾尔族	校长	1979	中专	中共党员	已婚
	阿依吐兰汗	女	维吾尔族	教师	1981	中专	中共党员	已婚
	热合木江	男	维吾尔族	教师	1983	中专	中共党员	已婚

5. 调研采访视频

采访一：新疆和田地区维吾尔族社会文化现状

被采访人：新疆和田地区于田县人大副主任王建江

采访时间：2010年7月30日

地点：新疆和田地区于田县广播电台

采访人：王小霞

录像：买提努尔·买吐肉孜

视频制作：王宝祥

（1）您能否给我们介绍一下咱们于田县目前维吾尔族的社会文化生活的现状。比如社会组织、社会结构、历史传统、生活方式、教育水平、宗教信仰？

答：于田县自古以来是一个多民族聚集的地方。现在主要是以维吾尔族为主，占全县总人口98%多一点。中华人民共和国成立后，特别是改革开放30多年来于田县也和全国一样有政府组织和党的组织，有各级人民代表、政府，包括县乡和村委员会及村小组。

在文化生活方面，改革开放后村村可以通广播电视，村村通电话，村村通道路，和以前的发展情况相比可以说是取得了很大的进步。

历史传统方面于田县维吾尔族人民是勤劳善良的民族。自古以来由于于田县维吾尔族人民受到地理环境的制约沿河而居。于田县这里的气候干燥缺水,所以于田县维吾尔族人民在传统文化方面特别注意爱护大自然,房前屋后习惯植树,注意保护生态环境。他们注重清洁卫生,清晨起来在院子里洒水打扫干净。

于田县人还有一个比较好的习惯是只要有条件就饮用开水或茶水,生活方面很少饮用凉水,这是相对于周边几个县城不同的地方。水的来源主要靠昆仑山冰雪融水,也包括地下水的汲取。冰雪融水在使用过程中经过水池沉淀简单处理。1999年,整个和田地区实施了饮用水安全工程,有效防止了地方性传染病的发生。而现在整个于田县山区和部分乡还在饮用河水,自来水和河水饮用比是各占50%。人们饮用的河水主要是以从克里雅河为主的大小40多条河流中来。

自"两基"攻坚以后,于田县的教育水平得到了很大提高,但相对于内地还是有很大差距。现在小学初中的入学率能得到保障,但高中入学受到办学条件、师资力量等因素的制约,加之九年义务教育高中阶段还有一些民众对教育重视不够,所以高中入学率相对很低。

全县维吾尔族群众都信仰伊斯兰教,他们坚持每天的礼拜和一些常规宗教活动节日等。现在于田县的清真寺有300多个。

(2)请问当地的经济发展状况?

答:2000年整个县城财政收入为600多万元,而随着近几年国家对少数民族地区的支援加大,今年我们县城财政收入为3000多万元。现在我们把主要方向定在发展特色林果上,相信会有很好的发展前景。

(3)针对目前的教育现状,尤其是对双语教学的看法和目前教育所存在的问题?

答:现在的教育设施还是有限,尤其是双语教学方面教学资源很难得到解决,师资力量严重缺乏。

(4)对于田县目前发展状况的看法或者说对将来的发展有什么好的建议?

答:就如我刚才所说,于田县的维吾尔族是勤劳的民族,但由于地处偏远环境制约，发展很缓慢，如果国家加大对基础设施的投入力度，再加上维吾尔族群众自己的努力，于田县的发展肯定能够得到快速进步。

（5）希望国家或者上级政府做些什么切合民众生活的好事情？

答：我还是希望国家对于田县基础设施、生产水平的提高方面加大投入，还希望天然气能够进入家家户户。

采访二：新疆和田地区维吾尔族的教育问题

被采访人：新疆和田地区于田县教育局干部

采访时间：2010年7月30日

地点：新疆和田地区于田县

采访人：王小霞

录像与视频制作：买提努尔·买吐肉孜

调研内容：

（1）您能否给我们介绍一下咱们于田县目前维吾尔族的教育现状？

答：我们全县有各级各类学校117所，其中高级中学1所，职业高中1所，初级中学13所，九年一贯制学校8所，小学82所，幼儿园12所。全县共有教学班级1291个，其中双语班369个，学生45885名，双语学生13770名，双语学生占学生总数的30%。其中初级中学班级333个，双语班32个，学生14256名，双语学生1356名，初中的双语教学普及率达到了9.5%。小学班级有728个，双语班188个，学生数22454名，其中双语学生6803名，占总数的30.3%。高中有29个班级，双语班2个，学生1376名，双语学生100名，占总数的7.3%。幼儿园有158个班级，双语班147个，在校幼儿6013名，双语幼儿5519名，占总数的92%。全县寄宿学生有4834名，其中，小学有480名，初中3399名，高中705名，职业高中250名。

现在基本上实现村村有小学，但不是每个村都有初中，所以乡村的学生从初中开始寄宿上学。而高中在全县城只有一所，乡村来的高中学生都是寄宿上学。

现在小学适龄儿童入学率99.2%，初中适龄少年入学率100%，初中升学率99.5%。初中生升高中率按2009年统计是35.22%，这些学生当中80%的学生都上职业高中，20%的学生上寄宿制高中。

每年350—400名高中生参加高考，其中90%以上学生的成绩达到大专以上录取分数线，这些学生因专业选择或志愿填报等原因，最终大学入学率70%左右。

我们于田县25万多人口当中，维吾尔族占98%左右。维吾尔族的教育事业在解放以后，尤其是改革开放以后发展得很快。在"两基"攻坚工程之前小学适龄儿童入学率97%左右，初中适龄学生入学率53%左右，现在达到了小学适龄儿童入学率99.2%，初中适龄少年入学率100%的水平。每年大概有5000名学生初中毕业，其中4900名左右是维吾尔族学生。每年升高中的学生有600名左右，基本都是维吾尔族学生。职业高中每年招收1500名左右的学生。这样算起来维吾尔族学生高中升学率2009年达到了35%。

（2）当地教育方面存在的问题？

答：就我们于田县的教育现状来说，教师的工资低，教师、双语教师资源短缺，教师队伍不稳定，双语教师的素质低，汉族老师与维吾尔族学生教学上沟通的难题，高素质教师的招聘困难，高中教学普及率低，受教学资源制约，部分学校教室成为危房等问题急需解决。

（3）您对双语教学有何看法？

答：近几年国家对双语教学很重视，双语教学的普及率提高很快。双语教学的普及还是很有益处的，维吾尔族教师汉语水平也有所提高。这对于民汉之间交流有好处，也对于田县的发展有很大帮助。作为一个中国少数民族地区，掌握普通话是必要的。实行双语教学是提高民族教育水平的一个重要途径，以汉语作为主要载体的知识资源需要我们学会汉语。另外一方面是双语教学是提高民族团结、维持稳定的前提。

（4）对于田县目前的教育状况有什么看法或者说对将来的教育发展有什么好的建议？

答：于田县属于边远地区，信息获取量少且慢，学到外界的好经验好方法方面有一定的局限性。我们希望能够从外面请进来一些教学能手给于田县的教师们作针对性经验传授指导，相对于送老师外出培训这个方法可能会获得比较大的效果。还有在中小学学生当中双语学习的学生占22%的比例，而老师队伍中能胜任双语教学的老师只有15%。中小学学生当中希望双语学习的学生占的比例将越来越高，但双语教学的师资力量紧缺并很难在短期内改善，这需要高层管理部门的关注和推动解决。再有，我们县九年义务制的学校教学条件已经比较完善，而县里唯一的高中却破落不堪，各种资源紧缺，这也是一个有待解决的问题。

采访三：新疆和田地区维吾尔族的民风民俗

被采访人：新疆和田地区于田县政协原副主席：姜林春

采访时间：2010年7月31日

地点：新疆和田地区于田县

采访人：王小霞

录像与视频制作：买提努尔·买吐肉孜

调研内容：

（1）您能否给我们介绍一下咱们于田县维吾尔族的民风民俗？每年都过哪些节日？什么时间？怎么过？

答：于田县维吾尔族群众每年过古尔邦节和肉孜节。肉孜节是伊斯兰教斋月结束之后过，也就是开斋节。古尔邦节是肉孜节70天之后。这两个节日以36年作为一个周转期，每年节日时间会比上一年提前12天。

过肉孜节时炸馓子、打油馕、制作各种各样的小食品，彼此拜访庆祝。而古尔邦节家家户户杀鸡宰羊，富裕的人家要宰几只羊，甚至宰牛，准备丰盛的食物。作为儿女要先到父母亲家去拜访，然后老人们到他们的子女家团聚。之后朋友、邻里、同事之间互相拜访。这些节日国家规定是放假三天，但各人视自己的情况而定。在农村碰到农闲的时候过个十天半月是很常见的。

（2）请您介绍一下维吾尔族婚俗情况？

答：以前结婚年龄都普遍很小，但现在严格按照中华人民共和国

《婚姻法》规定,到法定结婚年龄才予以办理结婚登记。举行结婚仪式的当天,邀请阿訇念经作婚礼的证人。

还有维吾尔族女孩四岁到七岁的时候耳朵扎眼,男孩七岁到十三四岁要行割礼,这通常叫"小婚"。

(3) 请介绍一下维吾尔族的丧葬情况?

答:一般上午去世的人下午就要安葬,而下午或天黑后去世就推迟到第二天早晨。葬礼的通知由亲戚朋友们共同传达,朋友邻里都会来参加葬礼。葬礼的一切程序由阿訇来主持,而地点一般是在清真寺,时间是在清真寺礼拜结束之后。于田县的穆斯林群众严格遵循土葬的风俗习惯,不用棺材,直接用布来裹住去世者安葬。坟墓弄个长方形土墩,一般不用墓碑。于田县维吾尔群众葬礼结束后给死者过三周天、七周天、二十天、四十天和一周年祭日。整个过程中给死者诵经祈祷,在每天五次的礼拜中给死者祈祷祝福。每周周四到死者坟前诵经扫墓。

(4) 请您简要介绍一下于田县维吾尔族的宗教信仰情况?

答:于田县的维吾尔族群众都是信仰伊斯兰教。他们坚持每天五次礼拜,坚持封斋,礼拜之前要进行洗礼。一般情况下,周五男子到清真寺做礼拜。

采访四:新疆和田地区于田县达里雅布依乡的社会文化现状
被采访人:新疆和田地区于田县达里雅布依乡党委书记王宗礼。
采访时间:2010 年 7 月 26 日
地点:新疆和田地区于田县达里雅布依乡
采访人:王小霞
录像与视频制作:买提努尔·买吐肉孜
调研内容:

(1) 您作为达里雅布依乡的最高管理者,您能否给我们介绍一下咱们乡目前的社会文化、生活方式等,比如:社会组织、社会结构、历史传统、生活方式、教育情况、宗教信仰。

答:1989 年达里雅布依乡成立了乡政府,因为人少的缘故,并没有向下划分单位,基本上就是一乡一村的结构。乡民基本上沿河而居，沿河放牧，主要以放牧为生。

（2）达里雅布依乡经济发展状况？

答：由于道路设施不完善，乡民出入极不方便，相对来说经济发展水平很低。对这种困难的解决方向现在主要倾向于搬迁出去为主。

（3）达里雅布依乡目前的教育现状（尤其是对双语教学的看法和目前教育所存在的问题）？

答：以前有小学和初中，但由于各户之间的距离很远，所以，基本上呈三天打鱼两天晒网之势。近五年来，政府安排四年级以上的学生到县城里读书，解决好他们的住宿和伙食，让他们寄宿上学接受义务教育。现在全乡四年级以上在县城住宿生为225名，一到三年级在乡中心小学上学，学生有145名，全乡学生人数共计370名。现在乡政府承担达里雅布依乡高中以上学生的学费，让学生继续到高中学习文化知识。但是，孩子们的学习还是受到家长的阻挠，从中体现出了达里雅布依乡民众对教育的重视程度不够。

（4）对咱们乡目前状况的看法或者说对咱们乡将来的展望，或者说对乡里下一步发展的想法和建议？

答：达里雅布依乡的各种条件设施很差，交通不便，信息闭塞，我希望政府把乡民搬迁出去另找地方安置。

（5）希望国家或者上级政府做哪些符合达里雅布依乡民众生活的好事情？

答：达里雅布依乡生存状况极其恶劣，农民们生活条件很差，对此现在政府计划的搬迁出去还在规划阶段，我希望政府的搬迁计划尽快落实。

采访五：新疆和田地区于田县达里雅布依人的历史沿革问题

被采访人：新疆和田地区于田县达里雅布依乡的长者76岁老人阿那也特·卡热

采访时间：2010年7月27日

地点：新疆和田地区于田县达里雅布依乡

采访人：王小霞

录像与视频制作：买提努尔·买吐肉孜

问题：您作为达里雅布依乡的年长者，能否给我们介绍一下咱们乡的一些情况？

（1）达里雅布依乡的历史传说或者说由来？

答：达里雅布依人说是牧民，其实就是于田县周边乡里放牧的人。而传说几百年前有个叫尤米拉克·巴拉克的人跟他妻子在于田附近放牧。突然一天蒙古人过来抢劫，抢走了他的妻子和羊群。他回到于田叫上亲戚朋友一大群人去报仇，他们在路上找到了一群群羊，最后，在达里雅布依找到了妻子的遗体。他们把妻子安葬后也就在克里雅安顿下来。这就形成了达里雅布依这个古老的乡村。

（2）达里雅布依乡的发展历史

答：达里雅布依乡主要发展起来是党和政府在这儿成立乡政府之后，在此之前，这里的人只知道为地主放羊，没有自己的自主生活。

（3）现在的生活情况

答：1959年，把原来地主让牧民放的羊分给达里雅布依乡的牧民，成立了村委会，面粉之类生活必需品由政府来提供，达里雅布依乡的牧民有了生活的依靠。

（4）对咱们乡将来的看法？希望上级政府做些什么？

答：对政府的希望：给达里雅布依乡上学的孩子安排合适的工作岗位，这样达里雅布依乡的人会逐渐搬到县城里，也不会有人因为找不到工作而回到达里雅布依乡继续这种放牧生活。还是希望政府能够解决达里雅布依乡孩子们的就业问题。

参考文献

娜拉:《新疆游牧民族社会分析》,民族出版社2004年版。

郭文慧:《改革开放以来新疆游牧民族定居问题研究》,新疆大学,硕士学位论文,2010年。

娜拉:《清末民国时期新疆游牧社会研究》,社会科学文献出版社2010年版。

尚昌平:《沿河而居》,山东画报出版社2006年版。

王铁男:《发现达里雅布依对一个世界秘境的百年追踪》,http://www.qikan.com.cn/Article/hqdl/hqdl201102/hqdl20110212.html。

王宁:《新疆游牧民族定居与牧区生产生活方式的转变》,《新疆社会科学》2004年第6期。

郭文慧、宗卫征:《当前新疆游牧民定居及新牧区建设调查研究》,《高等函授学报》(哲学社会科学版)2009年第12期。

崔延虎:《游牧民定居的再社会化问题》,《新疆师范大学学报》(哲学社会科学版)2002年第4期。

朱秀红:《新疆游牧民族定居问题的研究》,新疆大学,硕士学位论文,2005年。

娜拉:《试论新疆游牧民族社会化的时代局限性》,《西北第二民族学院学报》(哲学社会科学版)2005年第2期。

黄德泽:《神秘的达里雅布依·之一》,http://blog.sina.com.cn/s/blog_563728da0100nk0g.html。

依丽米古丽·阿不力孜:《沙漠干旱地区的人类文化适应研究》,中国社会科学出版社2015年版。

李树峰：《在深处，一个人与一个村落的人——陈亚强与达里雅布依》，《中国摄影家》2015年第12期。

张鸿墀：《达里雅布依：沙漠腹地的村落》，《帕米尔》2006年第1期。

于田县志办：《于田县志》，2010年。

王铁男：《沿河而居的克里雅人》，http：//outdoor.travel.sohu.com/20070423/n249643706_4.shtml。

尚昌平：《克里雅闻所未闻的故事》，《风景名胜》2004年第12期。

钱伯泉：《维吾尔族的族源及其发祥地问题研究》，《新疆社会科学》2010年第4期。

王铁男：《神秘的达里雅布依》，《西部论丛》2007年第6期。

卢一萍：《信马游疆》，新疆人民出版社2006年版。

周亚成：《维吾尔族妇女婚姻家庭生活及其变迁》，《西北民族研究》2003年第2期。

拜合提亚尔·吐尔逊：《现代农村维吾尔族家庭规模与结构、家庭关系及家庭功能初探》，《西域研究》2005年第3期。

买托合提·居来提：《沙漠绿洲——于田县达里雅布依》，《和田师范专科学校学报》2010年第3期。

骆惠珍：《新疆维吾尔族花帽的文化审视》，《新疆社会经济》1998年第3期。

凯瑟琳·马噶特尼、戴安娜·西普顿：《外交官夫人回忆录》，王卫平、崔彦虎译，新疆青少年出版社2008年版。

贡纳尔·雅林：《重返喀什噶尔》，崔彦虎、郭颖杰译，新疆人民出版社1994年版。

于田箭服的魅力：http：//www.kaixian.tv/gd/2014/0509/4995961.html，2014年5月9日。

刘方方：《维吾尔族"箭服"探析》，《人间》2016年第31期。

曾艳红：《服饰——文化的一种载体及传播媒介》，《丝绸》2013年第1期。

尚衍斌：《维吾尔族服饰形成及其特征的历史考察》，《喀什师范学院》（哲学社会科学版）1994年第1期。

王德怀：《从维吾尔熟语看维吾尔族的服饰文化及其文化质点》，《语言与翻译》1998年第1期。

胡敬萍：《中国少数民族的服饰文化》，《民族历史与文化研究》2001年第1期。

饶蕾：《维吾尔族服饰文化探究》，《南宁技术学院学报》2010年第4期。

梁莉莉：《中国穆斯林服饰文化》，《中国宗教》2005年第3期。

刘云：《解读新疆维吾尔族服饰文化中的宗教信仰涵义》，《西北民族研究》2003年第2期。

沙拉古丽·达吾来提拜：《哈萨克族牧民定居与饮食文化的变迁》，《中国穆斯林》2009年第4期。

阿秀：《探秘"沙漠中的原始村落"——达里雅博依（大河沿）》，http://www.mafengwo.cn/i/678050.html。

张鸿墀：《达里雅布依：胡杨林里的悄然隐者》，《新疆人文地理》2009年第3期。

王铁男：《沙漠中的达里雅布依人》，《百科知识》2007年第17期。

明西：《穿越沙漠之心的流浪者》，《西南航空》2010年第4期。

汪从元：《达里雅布依乡维吾尔人爱饮茶》，《农业考古》1998年第2期。

奇曼·乃吉米丁、热依拉·买买提：《维吾尔族饮食文化与生态环境》，《西北民族研究》2003年第2期。

寇蓉：《牧区蒙古族的饮食文化与草原生态环境的关系浅析》，《魅力中国》2010年第17期。

杨文娟：《新疆哈萨克族饮食文化特色的成因分析》，《和田师范专科学校学报》2011年第1期。

廖明君：《民族居住活动的文化阐释》，《广西民族研究》1997年第3期。

新疆都市报：《"达里雅布依"的奇境——新疆神秘的原始村落》，http://xbly.chinawestnews.net/system/2009/04/30/010123408.shtml。

李群：《新疆维吾尔族生土民居的调研与思考》，《美术观察》2011 年第 11 期。

马晶：《浅析新疆和田维吾尔族民居——从赖特的有机建筑到和田维吾尔族传统民居》，《大众文艺》2011 年第 9 期。

贾伟国：《新疆和田维吾尔族民居初探》，《大舞台》2011 年第 5 期。

隆滟、刘霞：《从民居文化的内涵看其对提升城市文化竞争力的意义——以兰州古民居为例》，《甘肃社会科学》2012 年第 6 期。

朱贺琴：《维吾尔族民居建筑中的文化生态》，《新疆社会科学》2010 年第 2 期。

韦熙强：《试论壮侗民族民居文化中的科学因素——壮侗民族民居文化研究之一》，《广西民族研究》2002 年第 6 期。

王磊：《浅析新疆吐鲁番维吾尔族民居艺术特色》，《大众文艺》2010 年第 17 期。

新疆日报网：《今日达里雅布依》，http：//www.xjdaily.com.cn/zypd/lyzx/jdtj/483646.shtml。

颜秀萍：《维吾尔语达里雅博依话的语音特点》，《民族语文》2014 年第 5 期。

阿依先·肉孜：《维吾尔族的节日文化与宗教》，《世界宗教文化》2009 年第 12 期。

余孝明：《维吾尔族节日述论》，《新西部》（下半月）2007 年第 5 期。

颜秀萍：《新疆于田县达里雅布依乡婚姻家庭现状调查》，《新疆社会科学》2008 年第 5 期。

沈桥：《"真正的隐者"——克里雅人的婚礼》，http：//hi.baidu.com/blog/item/c26b0bcbdea156f553664f51.html。

尚昌平：《婚礼——达里雅博衣女人的节日》，《旅游》2005 年第 11 期。

奚婷：《探访克里雅河沙漠深处的新娘》，http：//travel.sohu.com/20071103/n253044053.shtml。

张邦建：《中国古代婚俗文化特点述论》，《学术界》1999 年第 6 期。

买托合提·居来提：《沙漠绿洲——于田县达里雅布依》，《和田师范专科学校学报》（汉文版）2010年第3期。

马明良：《伊斯兰教的和平观》，《中国宗教》2004年第6期。

王宇洁：《论伊斯兰教正义观》，《西北第二民族学院学报》（哲学社会科学版）2007年第5期。

王建平：《论中国伊斯兰教的"忠孝"观》，《北方民族大学学报》（哲学社会科学版）2011年第1期。

什木逊·马守途：《伊斯兰教的人类平等观》，《世界宗教文化》2005年第9期。

马景：《伊斯兰教的五功》，《党政论坛》（干部文摘）2007年第6期。

穆卫宾：《伊斯兰教的祈祷及其现实意义（续一）》，《中国穆斯林》2010年第4期。

陈玉文：《我国丧葬文化浅论》，《黑龙江氏族丛刊》1993年第4期。

陈贵领：《〈红楼梦〉与丧葬文化》，《名作欣赏》2006年第11期。

开赛尔·库尔班：《维吾尔族的丧葬文化》，《中国民族》2008年第5期。

买托合提·居来提：《新疆于田克里雅人社会习俗变迁研究——以达里雅博依乡为例》，西南大学，硕士学位论文，2011年。

刘东英：《试论维吾尔族丧葬习俗中的生态伦理思想》，《民族论坛》2012年第2期。

钟金贵：《遵义仡佬族丧葬文化探析》，《兰台世界》2012年第3期。

余建辉、张文忠、王岱、谌丽：《基于居民视角的居住环境安全性研究进展》，《地理科学进展》2011年第3期。

夏咸淳：《居住环境中的天人融和——明初人居环境思想探微》，《学术月刊》2009年第8期。

西尔艾力·买买提明：《论于田县克里雅河下游绿色走廊及沙漠绿洲——达里雅布依乡的生态环境问题》，《资源节约与环保》2014年第1期。

颜秀萍、刘正江：《关于新疆于田县达里雅布依乡生态环境的调查研究》,《新疆大学学报》(哲学人文社会科学版) 2008 年第 4 期。

吾买尔江·买买提明:《新疆和田红柳大芸(管花肉苁蓉)及其药用价值》,《中国科技博览》2013 年第 37 期。

朱贺琴:《维吾尔族服饰民俗中的文化生态》,《伊犁师范学院学报》2009 年第 4 期。

刘金莲:《新疆维吾尔族传统服饰的符号象征》,新疆师范大学,硕士学位论文,2009 年。

王宏付、许莉莉:《西南西北少数民族传统服饰文化的差异剖析》,《装饰》2007 年第 10 期。

潘洋:《少数民族服饰文化的内涵阐释及保护》,《贵州民族研究》2016 年第 11 期。

朱基富:《浅谈饮食文化的民族性与涵摄性》,《吉林商业高等专科学校学报》2005 年第 4 期。

唐异常、热孜古丽:《药茶——和田维吾尔人民的饮茶习俗》,《茶叶通讯》1993 年第 1 期。

李国平:《析维吾尔族饮食文化中的民族性格》,《塔里木大学学报》2007 年第 1 期。

姚伟钧、刘朴兵:《试论鄂西土家族饮食文化的特色》,《湖北民族学院学报》2007 年第 3 期。

郑燕:《维吾尔人准语言的运用及民族文化特征透视》,《和田师范专科学校学报》2006 年第 4 期。

海峰:《体态语及维吾尔族某些体态语的特色》,《新疆大学学报》(哲学社会科学版) 1998 年第 4 期。

刘东英:《维吾尔族节日文化中蕴含的生态伦理思想初探》,《南京林业大学学报》2012 年第 4 期。

麦麦提明·赛麦提:《新疆农村城镇化进程与社会文化变迁研究》,新疆大学,硕士学位论文,2012 年。

司光南:《新疆维吾尔族生育状况与生育观念的发展演变》,《社会科学论坛》2010 年第 20 期。

艾山江·阿不力孜:《维吾尔族服饰文化研究》,新疆大学,博士学位论文，2004年。

吴晓玲：《发掘鄂伦春传统文化 打造特色旅游产品》，《安徽农学通报》2008年第20期。

冯莉、楚亚伟：《浅谈新疆牧民定居存在的问题与对策》，《世纪桥》2010年第9期。

冯雪红：《维吾尔族妇女婚姻模式及婚姻家庭关系》，《吉首大学学报》2010年第5期。

吴新华：《新疆首次发现"七"重报文化遗址》，《新疆之窗》2016年5月5日。

赵明鸣：《突厥语词典语言被动态及其被动结构研究》，《民族语文》2001年第4期。

海鹰：《达里雅博依绿洲的生态问题及其维护对策》，《新疆师范大学学报》1994年第2期。

后 记

达里雅布依人是新疆游牧民族中的一支，生活于沙漠腹地于田县达里雅布依乡。经过数百年塔克拉玛干沙漠的特殊生活环境，他们形成的民族文化，在物质文化和精神文化方面均有特殊的贡献，值得我们关注和研究。

面对全球化、世界经济一体化、现代科技的快速发展，达里雅布依人的社会文化显然是一种脆弱的文化模型。但是，它不仅是维吾尔族文化的一部分，是中华民族历史文化的一部分，它还是中华现代多元文化中唯一的一部分。

为了让这一极其宝贵的文化财富在文化人类学上被更多的研究学者所认知，本书力图剖析解读达里雅布依人社会文化的丰富内涵，目的在于推进对中国少数民族社会文化全方位、深层次的了解与研究，从而为中国少数民族文化的传承、弘扬与发展尽一点自己的力量。

笔者历经多年时间的研究，通过收集文献、收集南疆和田地区地方志资料、收集达里雅布依乡的相关资料，进行分类整理；进行实地调研，调研人员赴新疆南部和田地区于田县塔克拉玛干沙漠腹地，调查达里雅布依乡的社会文化现状，以及当地从事牧放的维吾尔族民俗民风（包括现场拍照、访谈、口述记录等多种形式）；整理查阅研究文献资料和田野调查资料等工作，同时用达里雅布依人这数百年的历史及他们的各方面的社会文化证明："人类社会依赖农业生存与依赖牧业生存的对等性，证明农业文明与牧业文明的相对性，并展示现代社会中小型文化存在的可能性和真实性"的人类学观点。

本书记录了重要的现实资料，尤其是对沙漠腹地濒临灭绝的社会

后　记

文化的收录与保留，对我国文化遗产保护、对实用人类学的研究做出了应有的贡献，期盼能给民族文化工作做出一定的贡献。

本书在编撰过程中运用了大量的文献资料和其他学者的研究成果，借鉴和运用了他们的观点和解释。为此，非常感谢为本书提供数据、资料、图片和配合访谈的所有人员，尤其是感谢当时任达里雅布依乡党委书记的王宗礼同志，亲自陪同调研组深入沙漠腹地调研兼做翻译，并给予调研组很大的帮助。也感谢曾经给予我鼓励、支持和帮助的同事和朋友们！

鉴于时间原因，我们对达里雅布依人的关注和调研只是较短时间的实地深入调查，部分数据还不见得是非常真实客观，尤其是鉴于本人学识的浅薄和在该学科研究领域的经验不足，一些观点还不见得恰切到位。成书过程中肯定还存在许多遗憾和不足，如果能有更多的专业研究人员加入对达里雅布依人的研究，我相信会有更多更好的成果和新的观点。

期盼此书得以顺利出版。更希望本书能够对学界有一点帮助，著者将会感到万分高兴与欣慰。